한국

상고사 실체

머 릿 말

사람이 살아온 과정이 각기 다르듯이 세계 여러 나라와 민족이 걸어온 길도 각기 다르다.

이렇듯 역사는 그 민족이 걸어온 발자취이고 개인적으로는 살아온 이력서이고 족보와도 같은 것이다.

과거에 우리 민족과 관계가 깊고 교섭이 잦았던 민족은 지정학적 관계상 대륙 방면의 중국 민족과 해양 방면의 일본 민족 이었다.

중국은 역사적으로 처음에는 우리 조상들이 그 땅에 먼저 거주한 우수한 선진 문화민족 이었으나 누천년 세월이 흐른 뒤에는 그들이 우리 민족보다 우월한 문화를 갖게 되었다.

일본은 이와 달리 국가 성립 이전부터 수백년 전까지 계속해서 우리 민족보다 저급한 문화를 가졌기 때문에 우리 민족이 중국의 문화를 받아들여 이를 융합하여 일방적으로 일본에 전해주는 역할을 했다.

우리 상고 시대인 배달국과 고조선의 역사는 많은 시련을 겪었다. 고려시대 까지는 고조선 등은 우리 한 민족의 역사 의식속에 깊이 자리잡고 있었던듯 하나 근세 조선에 들어 와서는 유교 윤리의 질서 속에서 중화 사대주의에 편입되어 민족의식이 약화되기 시작하였는데 근래에는 중국이 동북 공정을 실시하여 우리의 상고역사를 중국의 역사에 편입시켜 버리는 우리 역사 빼앗기 공작이 치밀하게 진행되고 있다.

또 일제 시대에는 일본의 식민 사학자들에 의한 한국사 왜곡과 말살이 극심하게 감행 되기도 하였다.

광복이 된 이후에도 일본의 식민 사학자들이 심어 놓은 식민지 역사관의 잔재에서 벗어나지 못하고 해방된지 75여년이 지난 지금까지도 그들이 써놓은 조선사의 내용 그대로 인용되어 후학들에게 가르쳐지고 있는 현실이 너무 서글프고 안타깝기 그지 없다.

한국의 역사는 배달국에 이어 단군 조선부터 시작하는것인데 중국은 한국사의 시작을 기자 조선으로 보고 있으며 일본은 한수를 더 떠서 한국사의 시작을 위만 조선과 한사군으로 보고 있다. 즉 그들은 한국사의 출발점을 제후국이나 식민지 역사에서 출발하였다고 보고 있는 것이다.

우리 역사 학계에서도 고조선을 부인하고 기자 조선을 한국사의 시작으로 보는 학자가 있는가하면 고조선을 인정하는 학자도 단군 조선에 기자 조선 위만 조선 한사군까지 묶어서 고조선으로 보는 학자도 있다.

이러한 혼란 스러운 주장은 우리 국민들에게 고조선 등에 대하여 불확실한 존재라는 의구심을 증대시키고 있고 이것은 우리 민족에게 매우 불행한 일이다.

앞으로의 세계는 문화국가로 나아가게 될 것인바 자신들의 역사를 바로 알지 못하면 문화 민족이라 할 수 없을 것이다.

한 민족 문화의 원형은 상고시대 특히 고조선에 있는데 고조선을 올바르게 알지 못하면 민족의 정체성을 바르게 인식 할 수 없을 뿐만아니라 한국사 전체가 바로인식 될 수가 없다.

어떠한 이유로던 역사는 왜곡 되어서는 안되는 것이고 배달과 고조선등 우리의 상고 역사 또한 가벼이 취급 되어서도 안되는 것이다 .지금은 세계화가 촉진되어 문화의 문이 활짝 열려 있는 시대이고 이럴 때 일수록 민족의 주체의식 함양은 매우 중요한 과제인데 주체 의식이 결여 되어 있으면 외국 문물에 종속될 위험에 바로 노출 될수 있기 때문이다.

이러한 시대에 우리 민족이 발전을 계속 이어 나갈려면 민족 공통의 철학 역사 사상 가치관 등을 확실히 확립하고 있어야 한다. 배달국과 고조선은 한국사의 뿌리로서 매우 중요한 위치를 차지하고 있고 급변하는 주변 정세에 능동적으로 대응하기 위해서는 왜곡된 역사의 원래 대로의 복원과 정확한 역사적 사실 인식이 매우 중요하고 시급한 과제이다.

나는 역사를 전공한 사람은 아니나 평소 우라나라 역사에 관심이 많아서 직장 생활을 할 때 틈틈이 읽어본 내용을 메모하여 두었는데 직장 생활을 마친 후 그것을 꺼내어 정리를 하면서 우리의 상고 역사가 지금까지 내가 배워서 알고 있던 것이 너무나 많은 부분에서 잘 못 쓰여져 있는 사실을 보고 그것을 모른체 하고 그냥 덮어 둘 수가 없어 우리 상고사를 바로 알려야 되겠다는 일념으로 "새로 써야 할 한국 상고사"라는 책을 내어 놓은 바 있다. 그동안 구독자 분들의 많은 격려와 후속편 기대에 깊이 감사 드리면서 이에 용기를 얻어 그 내용을 일부 보완하고 첨삭하여 "한국 상고사 실체"라는 책을 이번에 새로이 내어 놓게 되었다. 이를 통하여 우리 상고 역사에 대한 자긍심과 확신을 마음 속 깊이 새겼으면 하는 마음 간절하다.

아울러 이제는 우리의 역사를 역사 학자들에게만 맡겨 놓을 것이 아니라 역사 복원 시민 운동과 함께 시민 역사 학자들이 많이 나와 주었으면 하는 마음도 간절하다. 그래야만 왜곡의 역사가 하루라도 더 빨리 복원될 수 있기 때문이다.

2022. 6. .

지은이 천곡(泉谷) **이 기 우(李基雨)**

차 례

총 론(總 論)

한반도에 인류가 살기 시작한 것은 지금부터 60~70만년 전으로 거슬러 올라 간다.

수렵과 채집 등으로 떠돌이 생활을 하던 장구한 구석기 시대를 지나고 마지막 빙하기에 기온이 내려가자 북방에서 생활하던 무리들이 따뜻한 남쪽의 중앙아시아 만주 몽골 등지로 이주를 하게 되었다(그 당시는 이곳이 온대지역 이었다고 한다.)

그러다 약 1만2천년전 신석기 시대 부터는 사람들이 농경과 목축을 시작하면서 한 무리의 친족이나 몇 무리의 친족이 모여 정착 생활을 하게 됨에 따라 여기 저기에 마을이 나타나기 시작하였다. 세월이 지나면서 마을은 점차 증가하였고 그후 일정한 지역의 여러 마을이 연합하여 고을을 이루게 되고 이 고을을 중심으로한 씨족 사회가 출현하게 되었다.

이 시기에 각 고을의 지도자로서 정치 권력을 가진 족장이 나타나게 되고 그 중에서 가장 강한 정치권력을 가진 고을이 주변의 여러 고을을 통합하여 보다 넓은 영역과 공권력을 가진 지배 집단이 출현하게 되었는데 이때 가장 먼저 출현한 지배 집단이 환국(桓國)이었다.

환국은 기원전 7,200년 경에 나타난 인류의 시원 국가로서 일곱분의 환인 천제(桓仁天帝)가 3,300여년 동안 다스리다 기원전 3,900년 경에 멸망하였다.

환국은 알타이산(금악산) 동방에서 바이칼 호수를 중심으로 하여 중앙아시아 러시아 몽고 만주등 넓은 지역에 걸쳐 12나라 연방으로 나뉘어져 있었는데 연방중 가장 서쪽에 위치한 수밀이국 사람들이 서쪽의 천산 산맥을 넘어 메소포타미아 지방으로 진출하여 이들이 슈메르 문명을 탄생 시켰다.이 슈메르 문명이 뒷날 유럽 문화 발전의 뿌리 문명이 되었다.

슈메르인 들은 메소포타미아 지방에 정착하기 이전에 그들의 고유한 문자인 설형문자(쐐기문자)를 가지고 있었으며 60진법과 태음력을 사용하였다.

문자 법률 학교 의회 제도등 슈메르 문명을 창조한 고대 슈메르 민족은 메소포타미아 원주민이 아닌 동방에서 넘어간 이주민들 이었으며 이들은 우리 한 민족과 혈통이나 언어 문화적으로 불가분의 관계가 있었음이 사실로 밝혀지고 있다.

이 환국을 진서(晉書)등 중국 사서에서는 숙신씨 등으로 표현하고 있는데 숙신은 조선의 고어이다.

또 환국의 최동방에 거주하던 일부의 사람들이 북동쪽으로 배링 해협과 알류우산 열도를 지나 아메리카 대륙으로 진출하여 이들이 아즈텍 문명과 잉카 문명을 개척하였다.

환국의 마지막 7세 지위리 환인(일명 단인)의 명을 받은 초대 환웅천황(桓雄天皇:거발환 환웅)은 환국을 계승하여 광명의 본원지를 찾아 동방의 백산(백두산)과 흑수(흑룡강) 사이에 내려 오셨다.

환웅 천황이 기원전 3,900년 경에 환국의 마지막 환인 천제로부터 천부(天符)와 인(印)을 받아 지니고 풍백 우사 운사를 거느리고 무리 3,000명과 함께 음력10월 3일 백두산 마루 신단수 아래에 내려와 신시(神市)를 열고 나라 이름을 배달국(倍達國)이라 하였다.

환웅 천황이 배달국을 건국할 때 웅족(熊族)과 호족(虎族)이 이웃하여 살고 있었다.

이들은 환웅 천황에게 자기들도 하늘의 계율을 지키는 신시의 백성이 되기를 원하였다.

이에 환웅 천황이 이들에게 쑥 한 묶음과 마늘 스무매를 주면서 이것을 먹고 100일 동안 햇빛을 보지 말고 기도하면 진정 사람다운 인격을 갖춘 대인이 되리라 하였다.

웅족과 호족은 이것을 먹고 삼칠일(21일) 동안 삼가하며 수련에 힘썼다.

웅족은 굶주림과 고통과 추위를 참으며 하늘의 계율을 준수하고 환웅 천황과의 언약을 잘 지켜 참다운 사람의 인격을 얻었으나 호족은 거짓과 태만으로 하늘의 계율을 어겨 끝내 소망을 이루지 못하였다.

이것이 곰과 호랑이 신화의 내용인데 여기에 등장하는 환웅 곰 호랑이 등은 특정 집단을 상징하고 있다는 것을 알아야 한다.

환웅은 하느님을 상징하는 씨족을 곰과 호랑이는 곰토템 호랑이 토템 씨족을 상징하고 있다는것에 유의하여야 한다.

이때 호족은 탐욕이 많고 약탈을 일삼아 웅족과 서로 조화를 이루지 못하므로 환웅 천황이 사해(四海) 밖으로 추방하였다.

환족의 흥성이 이때부터 시작되었다.

배달국은 홍익인간 사상을 바탕으로 하여 주민 교화에 힘썼으며 불을 취득하는 방법을 발명하고 태고 문자를 창시 하였으며 웅족을 환족으로 귀화시키는 등 동방 문명 개창에 노력 하였다.

열 여덟분의 환웅 천황이 1,565년 동안 다스리다 기원전 2,333년에 마지막 18세 거불단 환웅(일명 단웅)이 단군 왕검의 고조선에 나라를 넘겨 주었다.

배달국에는 태호 복희 염제 신농 치우 천황등 우리 역사에 큰 업적을 남긴 성인 제왕 들이 있었다.

태호 복희는 배달국 5세 태우의 환웅의 막내 아들로 태어나 팔괘(八卦)를 그려 신교(神敎) 역철학을 창안하여 인류의 인문 시조로 존경 받고 있다.

복희의 8괘란 건 태 이 진 손 감 간 곤 이라는 8가지 형태의 괘를 말하는데 끊어지거나 이어지는 선의 음양 부호를 이용하여 하늘과 땅의 변화의 이치를 나타 내는 괘상인데 건 곤 감 리(하늘 땅 물 불)는 천도 4괘라 하여 하늘의 변화 이치를 나타 내는 괘이고 진 손 간 태(우뢰 바람 산 못)는 지도 4괘라 하여 땅의 변화 이치를 나타 내는 괘이다.

또 태호 복희는 인류 최초의 달력인 환역과 24 절기와 절후표를 만들기도 하였다.

염제 신농은 배달국 8세 안부련 환웅의 신하 소전의 아들로서 각종 농기구를 제작하여 곡물 증산에 힘 썼으며 약초를 채집하여 직접 섭취해 본 후 의약과 치료법을 만들기도 하였는데 농경의 시조 의약의 시조로 평가 받고 있다.

또 배달국 14세 치우 천황(자오지 환웅)은 병법의 시조로 중국 토착민의 우두 머리인 공손 헌원과 탁록(북경 북서쪽)에서 10년 동안 73회에 걸친 대 전쟁 끝에 이들을 제압하여 헌원과 그 무리가 모두 신하를 칭하며 조공을 바쳤다.

그리하여 회수와 태산 지역을 차지하고 탁록에 성을 쌓아 중국의 토착민들이 동쪽으로 진출하는 길을 막았다.

이로써 배달국의 동이 부족들이 하북성 하남성 산동성 안휘성 등지에서 자리잡고 번성 할 수 있는 터전을 마련 하였다.

이렇게 훌륭한 업적을 남긴 배달국의 성인 제왕들에 대하여 중국인 들은 태호 복희를 사람의 머리에 뱀의 몸둥아리(인두사신:人頭蛇身)를 가진 것으로 만들어 놓았고 염제 신농은 소의 머리에 사람의 몸(우두인신:牛頭人身)을 가진 것으로 만들어 놓았으며 치우 천황에 대하여는 얼굴 자체를 아예 도깨비 형상으로 만들어 놓고 우리 배달의 성인 제왕들을 비하 하고 있다.

그런데 근래에 이르러 중국에서는 아이러니칼 하게도 우리 배달국의 성인 제왕인 태호 복희 염제 신농 치우 천황을 동북 공정 등 역사 왜곡을 통하여 자기네들의 조상으로 바꾸어 놓고 성대히 모시고 있으니 이를 어떻게 평가 해야 할지 두려운 생각이 들기도 한다.

한국사의 출발점은 환국의 마지막 환인 천제로 부터 종통 부여의 표시로 천부인을 전수 받은 환웅 천황이 동방의 백두산 마루 신단수 아래에 내려와 신시를 열고 개국을 선언한 배달국 시대 부터이다.

그러나 우리의 역사 학계에서는 아직 까지도 신시 배달국은 하나의 통치 조직속에 들어온 국가 단계의 사회가 아니었고 그 사회도 지역적으로 나뉘어 있었으며 문화도 지역적인 관계를 벗어나지 못하였다고 하면서 국가로서의 실체를 인정하고 있지 아니하다.

따라서 이들은 한국사의 출발점을 고조선(단군 조선)으로 보고 있으나 필자는 여기에서 한국사의 출발점은 단군 왕검이 세운 고조선이 아니고 당연히 환웅 천황이 세운 신시 배달국이 되어야 한다고 보고 있으며 따라서 개천절의 주인공도 환웅 천황이 되어야 하며 그 기념일도 양력 10월 3일이 아니고 음력 10월 3일이 되어야 한다고 주장하는 것이다.

앞에서 본 바와 같이 단군 왕검이 고조선을 건국하기 이전에도 한반도와 만주 지역에는 국가 형태을 갖춘 나라가 있었다.

그러나 우리 역사 학계는 고조선 이전에 있었던 환국과 배달국에 대하여는 말할 것도 없고 아직 고조선에 대하여도 그 실체를 인정하지 않고 신화로만 간주하는 학자들이 많이 남아 있는 것이 사실이며 또 그 실체를 인정하더라도 고조선의 강역이 요동(현 난하 동부)과 만주 연해주 한반도에 걸쳐서 있었던 대제국 이었음을 인정하지 아니하고 만주 일부와 한반도에 국한하여 소국으로 있었다고 보는 사학자들도 있는 것이 현실이다.

한국 상고사에서 환웅 천황의 배달국을 인정하지 아니하면 단군 왕검의 고조선의 연속성이 성립될 수 없는 것인데도 말이다.

고대 사회의 신화에 나타나는 신들의 이야기를 사람들의 이야기로 바꾸면 역사적인 사실로 되는 경우가 많다.

따라서 유물과 유적이 역사 연구의 자료가 되는 것 처럼 단군 신화도 역사 연구의 자료가 되는 것이다.

단군 신화의 이야기 줄거리는 환인 천제가 환웅 천황을 낳고 환웅 천황이 웅녀와 결혼하여 단군 왕검을 낳았다는 3대(三代)의 짧은 이야기로 되어 있지만 실제에 있어서는 신석기 시대부터 청동기 시대에 이르는 매우 긴 기간에 걸쳐 환인 천제의 환국과 환웅 천황의 배달국 그리고 단군 왕검의 고조선으로 이어진 내용을 압축하고 있는 것으로 보아야 할 것이다.

단군 왕검의 고조선에서 "조선(朝鮮)"이라는 어원은 밝음 여명 등의 의미가 있고 환국 배달국 환인 환웅등과 같이 밝음 광명 하늘 태양과 그 뜻이 상통하는 것이다.

고조선이라고 하는 것은 근세 조선과 구분하기 위하여 "고(古)"자를 조선 앞에 붙인 것이다.

한국과 중국 등에서 사용하는 조정(朝廷) 조야(朝野)라 하는 말 들은 모두다 조선의 "조(朝)"자 에서 따온 말 들이다.

상고에 있어서 고조선의 존재는 중국을 포함한 동북아 역사에서 절대적 위치를 점하고 있었다는 것의 반증인 셈이다.

단군 왕검이라는 단어에서 단군은 제사장의 의미가 있고 왕검은 통치자의 의미가 있는데 고대 사회에서는 종교가 정치보다 우위에 있었기 때문에 종교의 의미를 지닌 단군 즉 천자(天子: 하늘의 아들)가 정치적 의미를 지닌 왕이나 황제보다 더 권위를 가진 칭호였다.

고조선의 단군은 몽골어 에서 하늘을 뜻하는 "탱그리"와 의미가 통하는 것으로 천군(天君)으로서 하늘을 받드는 종교적 최고 권위자 즉 선인(仙人)에 대한 칭호였다.

그러므로 고조선에서는 단군이 한(韓,汗) 보다 훨씬더 권위를 갖춘 칭호였던 것이다.

고조선 즉 단군 조선은 그 강역이 서쪽은 북경을 훨씬 지나 태원에서 창해(창주)에 이르고 북쪽은 몽골과 아르군강 동북쪽은 흑룡강 유역과 러시아의 연해주 남쪽은 한반도 전역에 이르렀다.

즉 중국의 하북성 산서성 산동성 하남성 안휘성 일부와 만주 몽골 러시아의 연해주 한반도 전역 등 광활한 지역에 걸쳐서 실재했던 나라로 동북아의 대제국으로서 한민족의 최전성기 였다는 사실을 유의하여야 할 것이다.

그리고 고조선은 낙랑 진번 임둔 현도 숙신(읍루) 청구 고죽 고리 부여 고구려 예 맥 옥저 비류 행인 해두 개마 한(삼한)외 기타 지명 미상의 여러 나라 등 많은 제후국을 거느린 지방 분권형 봉건 국가 연맹체로서 통치 조직은 느슨한 편이었다. 여기서 주목해야 할 것은 지금까지 우리가 가지고 있던 고조선에 대한 고정 관념을 과감하게 버려야 한다는 것이다.

과거에는 고조선에 대한 역사의 기록 뿐만 아니라 유물이나 유적에 대한 연구도 매우 부족 하였다.

연구가 제대로 되어 있지 않으니 한국사 전체가 바로 인식 될 수가 없었던 것이다.

다행히 근래에 들어 와서는 중국 쪽의 사서 접근이 쉬워지고 또 많은 정보를 수집 할 수 있게 되었으며 중국과 만주지역 및 한반도에서 유물과 유적의 발굴이 활발이 전개되고 부장품들이 다량으로 출토되고 있으며 유물의 과학적인 연대 측정도 가능하게 됨에 따라 한국사의 복원에 많은 도움이 되고 있는 것은 참으로 고무적인 일이 아닐 수 없다.

단군 왕검이 고조선을 건국할 당시에는 신석기 시대를 지나 이미 청동기 시대에 진입하고 있었고 고조선 중후기에는 철기시대를 맞이 하였기 때문에 각종 철제 농기구가 대량으로 생산 보급

되어 농업 생산력이 크게 늘어나고 따라서 주민들의 생활도 한층 윤택하게 되었다.

배달국의 마지막 18세 거불단 환웅(일명 단웅)으로 부터 기원전 2,333년에 정권을 이어 받아 고조선(단군 조선)을 건국한 단군 왕검은 고조선 전지역을 신교의 삼신 사상에 의거하여 삼조선(삼한)으로 나누어 관경을 분할 통치 하였다.

이것을 단재 신채호는 "삼한 관경제"라고 한다.

첫째가 진조선(진한)으로 영역이 만주 몽골 연해주 지역에 걸쳐 있었으며 도읍을 송화강 아사달(흑룡강성 하얼빈)로 정하고 단군 왕검이 직접 다스린 지역으로 고조선의 중심 세력 이었다.

그후 22세 색불루 단군이 반란을 일으켜 백악산 아사달(길림성 장춘)로 도읍을 옮길 때 까지 1,048년(기원전 2,333~기원전 1,286)간 유지 되었는데 이것을 진조선(진한) 제1왕조라고 한다.

다시 44세 구물 단군이 우화충의 반란을 제거하고 민심수습 차원에서 도읍을 장당경 아사달(요령성 개원)로 옮길 때 까지 860년(기원전 1,285~기원전 426) 동안 유지 되었는데 이것을 또한 진조선(진한) 제2 왕조라고 한다.

이 제1 왕조의 기간 1,048년과 제2 왕조의 기간 860년을 합하면 모두 1,908년이 되는데 일연은 삼국 유사에서 이 긴 기간 동안 단군 한분이 1,908년을 재위하다 죽은후 아사달의 산신이 되었다고 잘못 기록하여 놓아 고조선이 신화로 취급되고 있고 이로 인하여 후세의 사람들에게 많은 혼란을 주고 있는 것이다.

44세 구물 단군은 우화충의 반란을 진압한 후 민심수습 차원에서 도읍을 장당경 아사달로 옮기면서 나라 이름도 진조선(진한)에서 대부여로 바꾸었는데 마지막 47세 고열가 단군이 재위를 버릴때 까지 188년(기원전 425~기원전 238)간 유지 되었는데 이것을 진조선(진한) 제3 왕조라고 한다.

진조선(진한)은 제3 왕조에 접어 들면서 병권을 삼조선(삼한)이 똑 같이 균등하게 나누어 소유하게 되면서 삼조선(삼한)이 완전히 분립 하였는데 이로 인하여 삼조선(삼한)의 결속력이 약화되고 끝내는 멸망하는 원인이 되었다.

진조선(진한)은 마지막 고열가 단군이 재위를 버린뒤 6년 동안 오가(五加) 들이 공동으로 국사를 집행하다가 (기원전238~기원전 232) 기원전 232년에 진조선(진한)을 이은 북부여의 해모수 단군에게 국권을 넘겨 주었다.

진조선(진한)은 제1왕조 1,048년 제2왕조 860년 제3왕조 188년을 모두 합하면 총 2,096년이 된다.

이것이 바로 마흔 일곱분의 단군이 직접 다스린 단군 조선(진조선:진한)의 실재 역년인 것이다.

이렇게 단군 조선이 장구한 기간 동안 존속 할 수 있었던 것은 단군 왕검은 진조선(진한)만 직접 통치 관할하고 서쪽의 번조선(번한)과 남쪽의 막조선(말조선:마한)은 각각 부단군(비왕)을 두어 위임 통치하는 분권형 통치 방식을 택하였기 때문이다.

또 삼조선(삼한)에는 각각 후 공 대부등 분봉 제후를 둔 봉건국가 체제를 유지하고 중앙의 통제는 느슨하게 함으로써 체제 유지의 방편으로 삼은 듯하다.

진조선(진한)은 기원전 238년에 멸망하게 되는데 그 원인은 지금의 강단 사학에서 주장하는것 처럼 서쪽의 한(서한:전한)의 침략을 받은 때문이 아니고 고조선이 제3왕조에 들어 와서는 삼조선(삼한)이 병권을 모두 균등하게 나누어 가지게 됨에 따라 진조선(진한)의 통치권이 약화되고 서로가 진한의 위치를 점하려고 상호 견제와 경쟁을 하다보니 구심점이 없어지게 되고 또 내부적으로 장군들의 반란이 자주 일어나(읍차 기후의 번조선왕 등극 한개의 진조선 왕위찬탈 우화충의 반란 등) 국론 분열이심화되어 그만 멸망의 길을 걷게 된 것이다.

기원전 238년 당시 중국은 전국시대 말로써 서한은 아직 건국도 되기 전이었는데(서한은 기원전 206년에 건국됨) 어찌 서한의 침략이 고조선 멸망의 원인이 될 수 있을 것인가?

또 다른 한편으로는 단군 조선이 건국되어 멸망 할 때 까지 2,096년 이라는 긴 기간 동안을 한 사람의 단군이 통치하였다는 역사의 기록은 도저히 믿을 수가 없다.

적어도 수십명의 단군이 존재 했어야 한다.

단기고사(대야발 편찬) 단군세기(이암 편찬) 규원사화(북애자 편찬) 등에는 47명의 단군 이름이 기록되어 있다.

이 책들에 기록된 단군의 세계를 보면 단군의 명칭은 모두가 일치하지만 단군 개개인의 재위 년수와 고조선의 역년은 서로 다르게 기록 되어 있다.

단기 고사에는 2,097년 단군 세기에는 2,096년 규원 사화에는 1,205년으로 기록되어 있다.

둘째는 번조선(번한)으로 요서의 하북성 산서성 산동성 하남성 안휘성 일부 지역을 중심으로한 지역으로 단군 왕검이 치두남(치우천황의 후예)을 번조선(번한)왕 (부단군:비왕)으로 임명하여 위임 통치를 하였는데 우순의 정치를 감독하게 하였다.

도읍지는 난하 서쪽의 험독(안덕향:하북성 개평현 탕지보)에 두었다.

그후 번조선 기씨 정권 말기에 도읍을 난하 동쪽의 왕험성(하북성 창려현)으로 옮겼는데 역시 험독이라고 하였다.

기원전 1,122년에 서쪽의 화산 지방에서 일어난 주(周) 나라에 의하여 상(은) 나라가 망하고 그 3년 뒤인 기원전 1,120년에 주 나라 무왕이 기자를 조선후에 봉하였다는 중국사기의 기록은 믿을 수가 없다.

그것은 중국이 조선을 지배한것 처럼 꾸미기 위하여 사마천이 사기를 조작한 것이다.

중국의 주은래 전 수상도 기자를 조선에 봉하여 조선을 기자의 자손인것 처럼 만든 것은 중국이 덧씌운(조작한) 역사 였다고 시인한 바 있다.

기자는 상(은) 나라 왕실의 제후로 성은 자(子)요 이름은 서여 또는 수유이다. 기(箕)는 나라 이름이고 자(子)는 작위 명이다.

즉 기자는 상나라의 직할지 제후국인 기국의 왕이 었던 것이다.

상나라에는 제후의 작위로 후 백 공 자 부 남등이 있었는데 후가 대표적인 작위 였으므로 기자를 후로 봉했던 것이다.

기자와 그 무리 5천 여명은 주나라 무왕이 쳐 들어와 자기의 모국인 상나라가 멸망하게 되자 서주 왕국의 통제를 피하기 위하여 주나라의 힘이 미치지 못하는 주나라의 관경안을 떠나 하북성 태항산 서쪽 부근의 번조선(번한) 땅으로 피신하여 이주를 하여 버렸다.

따라서 기자는 서주 무왕의 봉함을 받고 조선으로 넘어 온 것이 아니라 자기 스스로 이주를 택하였던 것인데 후에 서주 무왕이 그 이야기를 듣고 기자를 조선 후에 봉하였다는 것이다.

그러니 애초부터 기자를 조선후로 봉할 수도 없었고 또 신하로 삼을 수도 없었던 것이다. 당연히 기자 조선이라는 것은 처음부터 없었던 것이다.

태항산 서쪽 부근에 망명하여 살던 기자는 기원전 1,114년에 다시 서하 (하남성 개봉부 남쪽)로 옮겨 살았으며 그 곳에 기자 독서대가 있다. 기자의 무덤도 산동성 조현에 있다.

기자의 무리 5천 여명과 그 후손 들은 태항산 서쪽 부근 즉 난하 서쪽에 그대로 정착하여 살면서 정치 세력을 형성하여 번조선의 작은 제후국인 수유국으로 남아 있었는데 연나라와 경계를 이루고 있었다.

중국인들에게는 이 수유국 제후가 조선후라고 불리고 있었다.

기자 무리의 수유국은 800년 뒤 즉 기원전 300년경 연나라가 장수 진개에 의하여 통일이 되고 중앙집권적인 군 현제가 실시되자 그 지역에서 더 이상 거주 할 수 없게 되어 난하 서쪽을 버리고 난하 동쪽으로 이동하여 재 정착하여 살았다.

기원전 339년 진조선(진한) 46세 보을 단군 번조선(번한) 69세 수한왕 때 연나라가 안덕향(번조선의 도읍지)을 공격하고 험독(하북성 창려현;뒷날 번조선 지역의 2차 도읍지) 까지 쳐 들어왔다.

이때 수유의 장수 기후(기자의 36세 후손)가 장정 5천명을 거느리고 와서 전쟁을 도와 우선 전세를 조금 진작 시켰다.

이어서 진조선 막조선의 군사가 함께 협공하여 크게 격파하고 계속 서쪽으로 진격하여 연나라의 우북평 어양 상곡등 불리지국의 옛 영토를 모두 회복 하였다.

번조선의 69세 수한왕이 죽고 후사가 없어 수유국의 장수 기후가 군령을 대행 하였다.

진조선 46세 보을 단군 19년 무술년 (기원전 323) 정월에 읍차(작은 고을의 군장) 기후가 병사를 이끌고 번조선 궁에 진입하여 스스로 번조선 왕이 되고 사람을 보내 윤허를 청하였다.

이에 보을 단군이 수유국의 장수 기후를 연나라와의 전쟁에서 그가 기여한 공을 인정하여 70세 번조선(번한) 왕으로 임명하고 연나라의 공격에 대비하게 하였다.

연나라는 서주 무왕의 동생인 소공(召公) 석(奭)에게 봉해졌던 서주의 제후 국으로 진나라가 중국을 통일한 전국시대 말까지 존속 하였는데 전국 시대에는 중국에서 가장 동북방에 위치하여 번조선과 국경을 접하고 있었으며 그 위치는 지금의 북경과 천진 지역 이었다.

따라서 연나라 지역은 발해와 갈석산 사이에 위치하여 번조선의 변경인 예 맥 진번 등의 고조선 분봉국들과 지역적으로 이웃하여 있었고 국경의 마찰도 자주 있었다.

기원전 323년에 70세 번조선 왕에 오른 기후(기자의 먼 36세 후손)의 번조선 기씨 정권은 그후 130년(기원전 323~기원전 194)간 정권을 유지하다가 기원전 194년 번조선 75세 기준왕(기자의 41세손) 때에 이르러 서한의 망명객인 위만에게 패하여 나라를 잃고 배를 타고 바다로 들어가 돌아오지 않았다.

이로서 요 서(현 요하 서쪽) 지역에 위치하고 있던 번조선(번한)도 막을 내리게 되었고 따라서 기씨 정권도 동시에 멸망하게 되었다.

셋째는 막조선(말조선;마한)으로 한반도 전역을 일컬으며 단군왕검이 웅백다 한씨를 막조선왕(부단군;비왕)으로 임명하고 위임통치를 하였다.

그리고 백아강(현 대동강 유역의 평양)을 도읍으로 정하였다.

단군 왕검은 운사 배달신에게 명하여 강화도 마리산에 삼랑성(현 정족산성)과 제천단을 쌓게하고 기원전 2,280년에 91세의 나이에도 직접 행차하여 하느님께 천제를 올리기도 하였다.

말조선과 진조선은 거리가 비교적 가까운 관계로 단군 왕검이 말조선을 방문하여 직접 정사를 살피기도 하였고 말조선 왕이 진조선 도성에 들어가 단군 왕검의 정사를 보좌하기도 하였으며 어려움이 있을 때는 함께 협력하여 난관을 극복하기도 하였다.

이렇게 삼 조선(삼한)을 세 분왕이 나누어 통치를 하면서도 한 곳에만 고정하여 위치하는 것이 아니라 때에 따라서는 세 분왕이 서로 자리를 바꾸어 정사를 돌보기도 하였다.

번조선 왕과 말조선 왕은 단군 왕검의 비왕으로서 단군 왕검을 보좌하는 위치에 있었으므로 단군 왕검의 정령(政令)을 그대로 따랐고 이런 체제는 고조선 제2 왕조 때까지 지속 되었다.

이러한 통치 방식이 고조선을 2,100년 가까이 장구한 기간 동안 유지 할 수 있는 원동력이 된듯 하기도 하다.

막조선(말조선;마한)은 말기에 접어 들면서 도읍지인 평양을 버리고 남방의 한수(한강) 이남의 월지국(충남 공주 또는 전북 익산)으로 도읍을 옮겼는데(년도는 미상) 얼마후 위만에게 쫓겨난 번조선의 기준왕 무리에게 나라를 빼앗겨 그만 멸망 당하였다.

여기서 우리가 유의 해야 할 것은 고조선 즉 진조선 번조선 막조선의 멸망 년도가 각기 다르다는 것이다.

만주의 진조선은 기원전 238년에 멸망하였고 요서의 번조선은 그 보다 44년 후인 기원전 194년에 멸망하였다.

한 반도의 막조선은 백아강(평양)에 도읍하여 있었으나 진 번 양조선이 중국의 교대 침략을 받아 북방에 전운이 감돌고 또 왕도 난리에 염증을 느껴 도읍지인 백아강(평양)을 버리고 한수 이남의 월지국(목지국)으로 천도하여 겨우 명맥을 유지하고 있었는데 기원전 194년에 위만에게 쫓겨 내려온 번조선의 기준왕 무리에게 그만 나라를 빼았기고 말았다.

기준왕은 막조선(마한)을 접수한 후 성씨를 한씨로 바꾸어 자리를 보존하고 있었으나 주변 번국들의 반발이 심한 가운데 곧 따라 내려온 번조선의 상장군 "탁" 무리에게 다시 쫓겨나고 말았다.

이때 상장군 탁이 세운 나라를 "중마한"이라고 한다.

이렇게 단군 왕검의 삼 조선(삼한)이 멸망 년도가 서로 다른데 우리의 역사 교과서는 서한의 무제에게 위만 정권이 멸망한 연도인 기원전 108년을 고조선의 멸망 년도로 잘못 가르치고 있는 것이다.

고조선을 실재적으로 지배하고 통치한 나라는 단군 왕검의 진조선(진한) 이었으니 고조선의 멸망 년도를 당연히 진조선의 멸망한 년도인 기원전 238년이 되어야 합당할 것이다.

고조선의 삼한 관경제를 놓고 보면 진조선(진한) 위주의 역사 기록이 되어야 마땅한데 우리 역사 기록은 아쉽게도 번조선(번한) 위주의 기록이 된 것 같은 느낌이 들어 안타까움을 지울 수 없다.

하기야 그도 그럴 수 밖에 없었던 것이 우리 상고사의 기록이라 할 수 있는 고대의 역사 기록서들은 모두가 연(전연)과 진 한 및 뒤를이은 위 나라 와의 전쟁 와중에 모두 빼았기 거나 소실되어 남아 있는 것이 없고 그나마 지금까지의 우리 역사 기록도 한서나 위서등 중국의 사서들을 참고하여 만들어진 것이니 그럴 수 밖에 없었을 것이다.

이와 같이 우리의 역사 기록이 중국의 사서에 간략히 나마 남아 있는 것은 고구려 동천왕 때 위나라 조예(조조의 손자)의 장수 관구검과의 전쟁때 위나라의 사관으로 따라온 진수가 고구려에서 빼앗아간 배달유기에 근거하여 단군의 이름과 삼한 부여등 우리의 역사를 간략히 기록해(삼국지 위지 동이전 등)두었기 때문이다.

중국 쪽에서 볼때 번조선은 중국과 인접하여 국경을 접하고 있었고 사람과 문물의 이동과 교류도 빈번 하였을 것이다.

따라서 정보나 역사적인 사실에 대한 접근이 용이 하였던 반면에 진조선이나 막조선은 중국과 멀리 떨어져 있었던 관계로 자연히 정보나 역사적인 사실에 대한 접근이 드물어 자료나 정보의 수집과 역사적 사실의 기록에 제한이 있을 수 밖에 없었을 것이다.

더우기 중국은 역사 기록을 할 때 공자의 춘추 필법에 의거하여 중국을 위하여 수치 스러운 일은 감추고(위국휘치;爲國諱恥),중국사는 상세히 쓰고 이 민족사는 간략히 쓰며 (상내약외;詳內略外),중국은 높이고 주변 나라를 깍아 내리는(존화양이;尊華攘夷) 역사 기록의 대원칙이 있었고 또 남의 나라 역사를 기록할 때에는 중국과 관련이 있는 역사적 사실만 기록 한다는 원칙이 있었으니 진조선(진한)과 막조선(마한)은 중국에서 멀리 떨어져 있었기 때문에 당연히 중국과 직접 관계되는 역사적 사실이 적었던 것은 불을 보듯 뻔한 사실이다.

그러니 진조선(진한)과 막조선(마한)에 관한 역사적 기록이 적을 수 밖에 없는 것이다.

고조선 즉 단군 조선에 대한 명칭도 진 번조선(진조선과 번조선) 기자 조선 위만 조선 조선현 한 숙신 산융 동호 오환 등으로 다양하고 도읍지도 평양 아사달 왕험성 험독 장당경 등 여러 곳으로 나타 나는 것도 우리가 고조선을 이해 하는데 있어 많은 어려움을 주고 있는 것이다.

그러나 이것은 우리 역사 학계가 지금까지도 고조선의 영역을 한반도 내로 축소하여 보려는 소한적 역사관을 가진 학자들과 또 고조선 영역을 요서(현 요하 서쪽) 지역과 만주 몽골 연해주 지역까지 확대하여 보는 역사 학자들도 삼조선(삼한) 분립(삼한 관경제) 사실 자체를 인정하려 들지 않음에 따라 이들에 대한 위치 확정과 사실 확인에 어려움이 발생하고 있는 것이다.

단군 조선의 삼조선(삼한) 분립 사실을 인정하는 토대 위에서 앞의 내용들을 검증해 보면 조선이라는여러 명칭과 도읍지 명칭 및 도읍지 변경에 따른 위치 확정과 사실 확인이 명확해 지고 또 그 증명도 용이해 진다.

그리고 우리가 고조선(단군 조선)의 역사를 바르게 인식하려면 기자 조선 위만 조선 한사군의 위치를 정확히 밝혀 이들이 고조선과 어떤 관계에 있었는지를 확인할 필요가 있다.

그 동안의 통설은 이들이 수직적 계승 관계에 있었다고 보았다. 즉 단군 조선(고조선)→기자 조선→위만 조선→한사군의 순서로역사가 전개 되었다고 보았던 것이다.

그런데 위와 같은 종래의 체계가 통용되고 있으면서도 이들의 위치에 대한 고증은 행해 진 바가 거의 없다. 지난 날의 통용된 것을 의심하지 않고 그대로 답습하여 왔던 것이다.

기자 조선과 위만 조선 한사군의 위치를 밝히기 위해서는 먼저 기자 조선 위만 조선 한사군의 상호 관계를 확인하는 작업이 필요하다.

왜냐하면 이들은 서로 계승 관계에 있었던 것으로 전해 오는데 이것이 사실 이라면 이들은 동일한 지역에 위치 해야만 하는 것이다.

기원전 194년 서한(전한)의 도적 위만이 번조선(번한)을 침략 하여 번조선 기씨 정권의 준왕을 패퇴 시키고 그 땅에 위만 정권을 수립 하였는데 우리는 이것을 지금까지 위만 조선이라고 부르고 있다.

위만은 서한 초기 분봉 제후인 연왕 노관의 부장으로 있던 자인데 서한의 고조 유방이 죽고 그의 왕후(악녀 였던 여태후)가 전권을 장악하고 유방의 공신들을 척결할 때 노관이 왕후에게 반기를 들었다가 사세 부득이 하여 노관이 흉노로 달아나 버렸다.

노관은 서한의 고조 유방과 동향에서 자란 죽마고우 였는데 유방이 서한을 건국할 때 유방을 도운 공이 컷으므로 유방이 서한을 건국한 후 논공 행상을 하면서 노관에게 제후왕인 연왕(봉지가 100여리 정도 밖에 되지 않았다함)으로 분봉을 하여준 인물이다.

노관이 분봉을 받은 연 나라와 번조선의 경계는 조백하(패수;북경 동쪽을 흐르는 강)가 되었다.

이때 연왕 노관의 부장으로 있던 위만은 노관을 따라 가지 않고 번조선의 기준왕에게 부하 일천 여명과 함께 귀순을 의뢰 하여 왔다.

그러면서 기준왕에게 조선의 서한에 대한 국경을 방비하는 울타리가 되겠다고 다짐을 하므로 기준왕이 위만을 어여삐 여겨 박사로 삼고 번조선의 서쪽 변경을 지키도록 허락을 하였다.

당시는 중국내의 정정이 불안하여 조 연 제 나라의 주민들이 전쟁을 피하여 조선으로 넘어 오는 사람들이 많이 있었다.

기준왕은 이들을 서쪽 변경에 살게 하고 위만으로 하여금 이들을 효과적으로 관리 하도록 하였던 것이다.

그런데 위만은 배은 망덕하게도 이들을 모아 세력화 한 후 기준왕에게 보고 하기를 서쪽에서 한나라가 쳐들어 오니 기준왕을 보호하고 궁궐을 수비하겠다는 핑계을 대고 번조선 도성인 왕험성(하북성 창려현)에 입성하였다.

그리고는 위만이 태도를 돌변하여 오히려 기준왕을 공격하였던 것이다.

졸지에 불의의 습격을 받은 기준왕은 위만을 맞이하여 맞서 싸웠으나 적수가 되지 못하고 패하여 도성을 쫓겨나 배를 타고 바다로 들어간 후 돌아오지 않았다.

이렇게 손쉽게 번조선의 기씨 정권을 물리친 위만은 수유국이 있던 자리(난하 하류 동부지역)에 위만 정권을 수립하였다.

위만은 정권을 수립한 후 서한의 요동 태수를 통하여 서한의 국경을 방비해 주고 서한과 조선과의 교역을 막지 않겠다는 약조를 서한 조정에 전달하였던 것이다.

이에 서한 조정에서는 위만을 서한의 외신(外臣)으로 삼고 서한 조정으로 부터 경제적 지원과 군사적 지원까지 받게 되었다.

이리하여 차츰 국력을 신장시킨 위만은 번조선의 분봉국으로 있던 낙랑 진번 임둔 고죽 고리국 등을 차례로 멸망시켜 영토를 크게 확장하였다.

건국 초에는 난하 하류 동부 유역의 번조선 기씨의 수유국 정권이 있던 자리에서 동진을 계속하여 지금의 대릉하(한수) 유역까지 진출을 하였는데 위만 정권의 멸망 당시의 영토는 건국 당시 영토의 수십배에 달하였다.

이렇게 힘이 세어진 위만 정권은 서한 조정과의 약속을 어기고 조선과 서한과의 교역로를 차단하고 중계 무역을 통하여 막대한 이익을 차지 하였으며 손자인 우거왕에 이르러 서는 서한의 비위를 거스리는 일들을 서슴없이 저질렀다.

이에 서한 무제(7세왕;유철)가 기원전 109년에 우거왕의 태도를 문제 삼아 위만 조선(위만 정권)을 침략하였다.

그것은 침략의 명분 이었을 뿐이고 실재는 서한이 사회적으로 안정되고 튼튼한 경제적 기반 위에서 국위를 과시하기 위한 전략이었다.

북으로는 흉노를 침략하고 남으로는 남월을 침략한 후 동북으로 위만 조선을 침략한 것이다.

서한의 무제는 위만 조선과의 전쟁에서 초기에 패하여 손실을 많이 입었고 전쟁이 1년 가까이 전개 되었으나 쉽사리 승리를 얻어 내지 못하였다.

이에 한 무제는 위만 정권 내의 조선족 재상들을 재물로 유혹하여 반기를 들게 하는 등 정권 내부의 분열을 유도 하였다.

당시 위만 정권을 실제적으로 움직이는 사람들은 위만 정권 내의 조선족 자치 조직의 수장들 이었는데 위만은 이들에게 재상상 니계상 노인 등의 작위를 내려 위임 통치를 하고 있었는데 위만의 입장에서는 주민의 대부분이 조선족 이었으니 이들을 통제하고 다스리기 위해서는 불가피한 선택 이었을 것이다.

이어서 위만 정권내에서 반란이 일어나 우거의 재상 참(參)이 우거왕을 암살하고 성을 들어 항복하니 서한과의 전쟁에서 1년간이나 버티던 위만 정권도 기원전 108년에 서한 무제에 의하여 멸망 당하고 말았다.

그 보다 먼저 서한 무제 원년(기원전 128년)에 위만 정권의 지배하에 있던 "예"(난하 중류 유역에 있던 예족)의 군장 남려가 우거왕에 반기를 들고 조선족 주민 28만 명을 데리고 서한의 요동군에 투항하는 일이 벌어졌다.

서한 무제는 이들을 받아 들이고 창해군(하북성 창주;천진 남쪽의 발해만 지역)을 설치하여 그곳에 살게 하였다.

투항한 남려왕은 위만 정권과 조선과의 저 간의 사정을 한 무제에게 고하였고 이에 무제는 위만 정권과 조선을 공격할 결심을 하게 되었다.

한 무제는 창해군을 설치한 2년 후인 무제 3년(기원전 126년)에 창해군 유지에 돈이 많이 들어 가고 관리의 어려움이 있다는 이유로 창해군을 폐지하여 인접한 발해군에 편입하여 버렸다.

무제는 위만 정권이 망한 지역에 서한의 행정구역으로 낙랑 진번 임둔 3개군을 설치 하였다.(조선의 분봉국으로 있다가 위만 정권에 의하여 멸망 되었던 명칭을 그대로 사용하여 설치함)

무제는 이어서 동쪽으로 진격을 계속하여 기원전 107년에 현 요하와 대릉하 사이의 예의 땅에 현도군을 설치하여 4군을 두었다가 진번 임둔군은 설치 한지 26년이 지난 기원전 82년에 폐지하고 낙랑군과 현도군만 남겨 두었다고 한다.

그러나 이 기록은 믿을 수가 없다. 기원전 106년에 진조선을 이은 북부여의 5세 단군 고두막 한(일명 동명왕)이 구려하(현 요하)를 건너 서한의 군대를 계속 추격하여 요동(현 난하 동쪽)의 서안평까지 이르렀다고 우리의 역사에 기록되어 있기 때문이다.

서안평은 옛 고리국 땅이다.

지금의 난하가 그 당시는 요하였고 지금의 요하는 그 당시는 구려하 또는 서압록이라 하였다.

지금의 요하가 요하로 명명된 것은 거란 즉 요나라가 건국된 이후 부터이다.

이로 미루어 볼때 서한의 4군은 설치된 바가 없는 유령 4군이거나 아니면 설치 되었다 하더라도 북부여의 고두막 단군에 의하여 즉시 회복되었던 것이다.

아마도 이를 두고 중국의 사기는 설치한 후 얼마 있다 폐지 하였다고 기록한 것이 아닌가 하는 생각이 든다.

사마천은 서한의 무제와 동시대의 사람으로 위만과의 전쟁때 종군 하였던 사관이었는데 그의 저서 "사기"에는 4군에 대한 기록으로 낙랑 진번 임둔 현도라는 지명은 사기의 원문에서 아예 찾아 볼 수 없고 대신 회청 평주 추저(적저) 날양의 4군만 기록하여 놓았다.

서한 무제는 위만 정권을 반란으로 무너 뜨리는데 공을 세운 조선족 자치 조직의 지도자 4명에게 전쟁의 공을 인정하여 일정한 지역을 각각 분봉하여 주었는데 그 명칭이 회청 평주 추저 날양이다.

이들 지역은 요동(현 난하 동부)에 있었던 것이 아니라 모두 산동반도 지역에 설치하였던 군의 명칭 들이다.

위만 조선(정권)은 위만이 기자의 41세 후손인 기준왕으로 부터 정권을 빼앗아 건국하였고 한의 4군은 서한의 무제가 위만 조선(정권)을 멸망시키고 그 자리에 설치 하였다.

다시 말해서 기자 조선과 위만 조선 한사군은 수직적인 계승관계에 있었다. 따라서 이들 지역은 같은 위치에 있어야 한다.

한서(후한;동한) 지리지에 의하면 서주 무왕이 기자를 조선에 봉한 곳은 위만 조선이 건국된 곳이고 후일 한의 낙랑군 조선현이 있던 곳이라고 한다.

이것은 기자 조선 위만 조선 한사군은 계승 관계에 있었으므로 동일한 곳에 위치해야 된다는 결론과 일치하는 것이다.

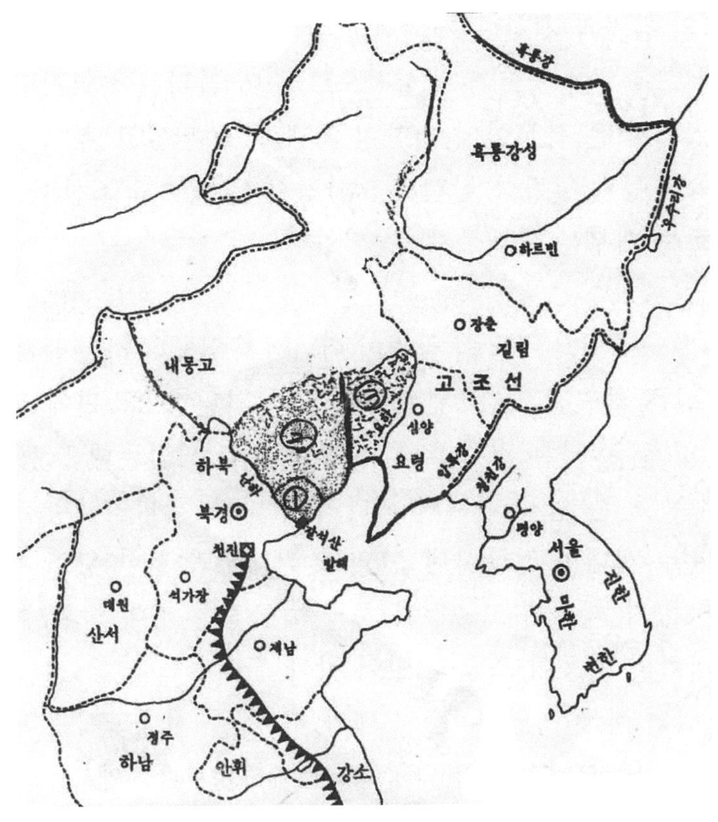

기자 조선 위만 조선 한사군 강역도
①기자 조선 ①~② 위만 조선 ①~③ 한사군

따라서 기자 조선 위만 조선 한사군의 낙랑군 조선현은 지금의 난하 하류 동부지역에 위치 하고 있었다.

우리 역사 학계는 아직도 한사군이 한반도 내의 평안도 황해도 강원도 일부 지역에 위치하고 있었다고 주장하고 있고 학생들에게 그렇게 가르치고 있다.

위만의 침략과 서한 무제의 4군 설치 등으로 번조선(번한)이 멸망하여 고조선의 영토가 일시적으로 줄어 들기는 하였지만 고조선의 뒤를 이은 북부여에 의하여 이내 회복 되었고 부여 고구려 읍루 옥저 동예 낙랑국 삼한(후삼한) 등에 의하여 고조선(단군 조선)의 영토는 대부분 그대로 계승 되었다.

다음은 고조선과 중국의 국경이 어디까지 였느냐 하는 문제이다.

고조선은 기원전 2,333년에 건국되어 기원전 238년에 멸망하여 2,096년 이라는 장구한 기간 동안 유지 되었는데 그동안 중국에서는 요 순 임금 시대와 하나라 상나라 주나라 3왕조를 거치고 춘추 시대와 전국시대 그리고 진제국과 서한 왕조 때까지 이어져 왔기 때문에 고조선과 중국의 국경은 시대 상황에 따라 동과 서로의 이동이 조금씩 있어 왔다.

고조선의 건국 초인 요 순 시대와 하 상 주 시대까지는 번조선이 도읍을 난하 서쪽의 안덕향(하북성 개평현 탕지보)에 두고 하북성 산동성 산서성 하남성 안휘성 강소성 절강성까지 정치 문화적으로 영향력을 행사 하였으나 그 경계선이 어디까지 였는지 정확하게는 알 수 없고 23세 아홀 단군 때에는 빈 기와 회수 태산 지역까지 경략한바 있으며 고조선 중후기에는 지금의 북경을 넘어 태원에서 창해(창주)에 이르고 발해만까지 이어지는 선이 고조선(번조선;번한)과 중국의 국경으로 볼 수 있다.

이 안에는 귀방 상곡 탁록 조양 영지 상하운장 북경 탕지보 험독 등 지금의 하북성 산서성 대부분이 포함된다.

그후 춘추 시대와 전국 시대를 지나고 진나라가 중국을 통일할 당시에는 조선과 중국의 국경이 창해 지역에서 현 난하(요수)지역으로 동으로 조금 이동 하였으며 진나라가 멸망된 후에는 연 제 조 나라가 실재는 조선에 귀부하여 한때는 조선의 영토가 매우 넓어 지기도 하였으며 그 후 서한이 건국되고 나서는 다시 서진하여 조백하(패수;북경 동쪽을 흐르는 강)가 국경선이 되었다.

패수에 대하여는 지금의 난하를 패수로 보기도 하고 평양의 대동강을 패수로 보기도 하는데 여기서는 난하 보다 더 서쪽에 있는 강으로 북경 동쪽을 흐르는 강을 패수(조백하)라 한다.

북경 서쪽을 흐르는 습수(영정하)와 북경 아랫 쪽에서 합류하여 발해 만으로 흘러 들어 가는 강을 말하는 것이다.

그후 위만이 번조선의 기준왕을 공격하여 멸망시킨 후에는 요동(현 난하 동쪽)의 낙랑군 수성현(갈석산 부근;진의 장성이 시작되는 곳)이 조선과 중국의 국경이 되기도 하였다.

지금의 만리장성은 갈석산 보다 약간 더 동쪽의 산해관까지 이어져 있다.

이것은 명나라 초기에 증 개축된 것이다.

또 서한의 무제가 위만 정권을 공격하여 멸망시킬 당시에는 대릉하(한수)가 조선(진조선을 이은 북부여)과 중국의 국경이 되었다. 이것은 위만이 번조선의 기씨 정권을 몰아 낸 후 국력을 키워 동으로 계속 영토를 확장 했기 때문이다.

그리고 한 무제가 위만 정권을 멸한후 동진을 계속하여 기원전 107년 경에는 현 요하가 조선과 중국의 국경이 된 때가 잠시 동안 있었다.

그후 북부여의 고두막 단군(동명왕)이 다시 서진하여 기원전 106년 경에는 현 난하 하류 동부 유역이 다시 조선(북부여)과 중국의 국경이 되었다. 이렇게 고조선과 중국의 국경은 요동(현 요하 동부)을 한번도 넘은 적이 없다.

그런데 아직도 한사군이 한반도 내에 설치 되었고 지금의 평양이 고조선(단군 조선)의 도읍지 였다고 주장하는 역사 학자가 많이 있다. 지금의 대동강 유역에 있는 평양은 고조선(단군 조선)의 도읍지가 아니고 막조선(말조선;마한)의 도읍지 였고 막조선 말기에 북방의 전운을 피하여 도읍을 한수(한강) 이남으로 옮긴 뒤에는 평양은 최숭이 세운 낙랑국의 도읍지가 되었던 곳이다.

그리고 과거의 평양은 한곳이 아니었다. 연암 박지원은 열하 일기에서 만주에도 평양이 여러 곳에 있었는데 개평현 봉양성도 평양 이었고 영평과 광령 사이에도 평양이 있었으며 요양에도 평양이 있었다고 하였다.

이와 같이 평양이 여러 곳에 있었는데 고려 조선의 학자들은 평양을 대동강 유역의 평양 한곳으로만 생각하므로써 우리 상고사의 영역을 한반도에 국한 시키는 잘 못을 범했다고 지적했다.

평양이라는 명칭은 원래 고유 명사가 아니고 펴라 즉 넓고 평평한 땅 대읍(大邑;큰고을)을 뜻하는 보통 명사 였다고 한다.

또 우리 역사 학계는 서한의 행정 구역이었던 요동(현 난하 동쪽)의 낙랑군과 최숭이 대동강 유역에 세운 낙랑국을 구분하지 못하고 낙랑국을 낙랑군으로 잘못 보고 있다.

서한의 낙랑군에는 조선현이 있었는데(현도군에는 고구려 현도 있었슴) 낙랑군은 요동(현 난하 동쪽)의 창려 지방에 설치되어 있었고 거기에 조선현이 있었던 것이다.

이 낙랑군 조선현을 고 조선으로 잘못 생각하고 또 평양에 한의 낙랑군이 있었다고 잘못 생각하니 한의 사군이 한반도 내에 있었다고 억지 주장을 하는 것이다.

이와 같이 위만 정권과 한의 행정구역(즉 중국의 영토라는 뜻)인 한사군은 한반도 내에 있지 않았고 이들은 또 고조선의 뒤를 이으(잇)지도 않았다.

이들은 고조선(번조선)의 서부 변경 즉 현재의 난하 하류 동부 유역에 있었던 것이다.

따라서 위만 정권을 고조선에 포함시키거나 위만 정권과 한사군을 고조선의 뒤를 이은 정치 세력으로 보는 고대사를 체계화 하는 잘못을 이제는 더는 저질러서는 안되는 것이다.

또 중국인들은 기자 조선이나 위만 조선 한의 낙랑군 조선현을 그냥 조선이라고 불렀다. 사료를 읽을때 이들을 고조선 즉 단군 조선과 혼동해서도 안되는 것이다.

그리고 일본인들은 기자 조선을 부인하는데 그것은 그들이 일찌기"임라 일본부"를 만들어 고대부터 한반도에 영향력을 행사한 나라는 중국이 아니라 일본 이었다는 논리를 전개하여 그들의 한반도 진출을 합리화 하기위한 방편으로 삼으려고 하였던 때문이었다.

임라 일본부란 고대 일본이 한반도 남부의 임라가야 지역을 정벌하여 그곳에 일본부를 설치하고 4세기에서 6세기 까지 200여년 동안 백제와 신라 고구려를 지배 통치하였다는 설인데 이는 터무니 없고 완전히 날조된 이야기이다.

아울러 우리의 역사 학계도 기자 조선이나 위만 조선 한사군의 지리적 위치에 대한 체계적인 고증이나 연구가 없는 상태에서 일본인들이 대동강 유역에서 중국 유물을 발견하고 그곳이 서한의 4군중의 하나인 낙랑군 이었다고 발표하자 그것을 의심없이 믿는 형편이 되었던 것이다.

또 한편으로는 번조선의 분봉 제후국이었던 낙랑 진번 임둔 현도 고죽 고리 부여 고구려 숙신 옥저 예 맥 등의 나라들이 기원전 2세기 이전에는 현재의 난하와 요하 사이에 위치하고 있었는데 진 한의 통일 전쟁과 위만의 침입 서한의 사군 설치 등 중국의 동진 정책이 계속되자 이를 피하기 위하여 기원전 2세기에서

1세기 사이에 요동(현 요하 동쪽) 지방 즉 지금의 만주와 한반도 지역으로 대거 이주를 하였는데 이들이 이주하여 새로 정착한 터전에 옛 자기들이 사용하던 명칭을 그대로 사용하였던 것이다.

즉 사람만 이동한 것이 아니라 그들이 사용하던 명칭까지도 함께 이동하였던 것이다. 이들은 이동후 부여 고구려 읍루 옥저 동예 낙랑 한(후삼한;남삼한) 등의 이름으로 다시 나라를 세웠던 것이다. 이로인하여 우리가 상고사를 연구할 때 지역 명칭이나 위치 등을 파악 하는데 많은 어려움과 혼란이 초래되고 있는 것이 사실이다.

후한서(동한) 동이열전에 의하면 한반도 남부에는 한이 있는데 한에는 세 종류가 있으며(한반도 남부에 있던 후삼한을 지칭하는 듯함. 앞의 고조선 삼한을 전삼한 또는 북삼한이라고 함) 마한은 서부에 있으며 북쪽은 낙랑 남쪽은 왜와 접하고 있다. 진한은 동쪽에 있으며 북쪽은 예맥과 접하고 있다. 그리고 변한은 진한의 남서쪽에 있는데 남쪽은 또한 왜와 접하고 있다. 예는 북쪽은 고구려와 옥저 남쪽은 진한과 접하였고 동쪽은 큰 바다로 막혔으며 서쪽은 낙랑에 이른다. 동 옥저는 고구려의 개마 대산의 동쪽에 있는데 동쪽은 큰 바다가 있고 북쪽은 읍루 부여 남쪽은 예맥과 접하였다.

고구려는 요동의 동쪽 천리에 있는데 남쪽은 조선 예맥 동쪽은 옥저 북쪽은 부여와 접하였다. 읍루는 숙신의 나라이다. 부여의 동북천리에 있는데 동쪽은 큰 바닷가이고 남쪽은 옥저와 접하였는데 그 북쪽은 끝나는데를 알지 못한다. 부여는 현도 북쪽 천리에 있다. 남쪽은 고구려 동쪽은 읍루 서쪽은 선비와 접하였으며 북쪽엔 약수(弱水)가 있다고 하였다.

후한서의 이 기록은 고조선이 멸망되고 난 후 한반도와 만주에 열국 분립 시대가 한동안 존재 하였는데 그때를 기록한 것으로 보인다.

고조선 시대의 중국은 요 순 하 상 주 춘추 전국 진제국 시대를 거쳐 서한(전한)에 이르게 되는데 진제국 시대에 들어 와서야 비로소 통일 국가가 출현하게 된다.

하 상 시대에는 아직 초기 국가로서 영역이 황하 중류 지역에 머물러 있었고 상 말기부터 서주 시대는 그 영역이 확장되기는 하였지만 동북 쪽으로는 하북성 중부를 넘어 서지 못하였으며 남쪽은 양자강 유역에 그쳤다. 춘추 시대에는 그보다 영역이 다소 확장되기는 하였지만 서주 시대의 제후국들이 독립하여 전쟁을 계속 함으로써 중국은 혼란이 계속되었다. 그 후 고조선 말기에 이르러서야 중국을 통일한 진제국이 출현하였으나 15년 후에 농민 봉기로 무너지고 서한(전한) 제국이 출현하였다.

따라서 고조선의 전기간 동안 중국은 외부 세계에 눈돌릴 여유가 없었고 내부적으로 국가 경영의 경험을 쌓아 가면서 중국 대륙을 점차 확보해 가는 과정에 있었던 것이다.

사마천도 사기에서 서한의 무제 이전에는 중국은 만리 장성을 넘는 것은 감히 생각 할 수도 없었다고 실토하고 있다.

중국이 외부 세계에 관심을 가지게 된 것은 고조선이 붕괴된 훨씬 뒤 그들의 사회가 안정된 이후 부터였다.

즉 동한(후한) 중기 이후인 서기 100년경에 이르러서 였다.

중국 정사 가운데 동한의 역사서인 후한서부터 비로소 한반도와 만주 지역에 관한 기록인 동이열전이 나타나는 것은 바로 이러한 사연 때문이다.

한편 고조선도 제왕 운기에 의하면 도성을 중심으로 한 사방 천리 정도가 단군 왕검이 직 접 통치한 직할국이었고 그외 지역은 제후들에게 분봉하여 위임 통치하였던 분봉 제후국 이었다고 한다.(진한 12국 번한 12국 마한 54국 등 도합 70여국) 그러니 역사의 기록에 나타나지 않는 제후국들도 많이 있었으리라 짐작된다.

단군의 직할국을 진조선(진한)이라 불렀는데 진(辰)은 직할국이 크다는 뜻이고 조선은 단군의 씨족인 조선족이 살았기 때문에 그렇게 불렸던 것이다.

고조선의 단군은 통치 방식을 중앙 집권화 하지 않고 성읍을 중심으로 한 일정한 지역을 지방의 귀족(호족, 대가)들에게 후 공 대부 욕살 신지 읍차 등의 작위를 주고 분봉하여 통치한 지방 분권형 국가 체제로 운영하였다.

좀더 구체적으로 보면 중앙에는 단군이 거주하는 서울 즉 도읍이 있고 각 지역의 분봉국에는 제후들이 거주하는 큰 고을 즉 국읍(대읍)이 있었으며 그 아래에는 작은 고을(소읍) 및 일반 촌락들이 있었다.

각 지역의 분봉 제후들은 중앙의 단군(번 막조선은 부단군)을 그들의 공주(共主)로 받들었으며 종교 정치 경제 등의 면에서 일정한 의무를 지고 있었다.

단군세기 6세 달문단군 35년(기원전 2,049년) 조에 단군이 여러 왕을 상춘(장춘;눌견;주가성자)에 모아 구월산에서 삼신 하느님께 제사를 지낼때 하느님에게 맹세하고 폐백을 바친 자가 대국이 둘이요 소국이 스물이며 읍락이 3,624 곳 이었다고 기록되어 있어 이러한 사실을 뒷 받침하고 있다.

고조선은 70여개의 크고 작은 제후국을 거느린 동북아의 대 제국으로써 한 민족의 최 전성기 였으며 단군은 제후국을 순회하였고 제후국은 공물을 바쳤다.

고조선에는 종교적 성지인 소도가 있었는데 범죄자라도 소도에 들어가면 잡을 수 가 없었는데 이것은 고조선의 종교가 환인 환웅으로 상징되는 하느님 숭배 사상에서 기인한 때문이었다.

또 고조선의 단군은 하느님에 대한 종교 의식을 관장하는 천군(天君)의 역할도 겸하고 있었는데 분봉국인 제후국에는 하느님에 대한 제사를 주관하는 천군을 따로 두고 있었다.

고조선은 지방 분권을 통한 간접 지배 방식을 취하고 있었으므로 그 취약점을 보완하기 위한 방편의 하나로 중앙 정부가 강력한 무력을 가지고 있어야만 했다.

그렇기 때문에 진조선(진한)에서만 병권(군대를 움직여 전쟁을 할 수 있는 권리)을 가지고 있었고 번조선과 막조선 및 그 휘하의 분봉국들은 병권을 가지지 못 하도록 하고 자체를 방어 할 수 있는 소수의 병력만 보유 하도록 하였다.

그러다 22세 색불루 단군에 이르러서는 번조선과 막조선도 일부 병권을 나누어 가지게 되었고 44세 구물 단군에 이르러 서는 삼조선이 똑 같이 병권을 나누어 가지게 되었는데 그후 삼조선의 응집력이 약해져 종국에는 패망의 길을 걷게 된 것이다.

종교는 무력과 더불어 고대 사회를 지배하는 가장 중요한 수단 이었다.

다른 집단을 복속시키고 지배하는 데는 무력이 필수적 이지만 그것은 대립과 갈등을 동반하기 때문에 그것 만으로는 통치를 유지하기에 어려움이 많았다.

따라서 국가의 각지역 구성원들이 공동체 의식을 가지게 하려면 종교를 통한 공감대 형성이 반드시 필요 하였다.

고대 사회에서는 종교가 정치보다 우위에서 사회를 지배하여 왔기 때문에 그러한 조치는 당시로서는 매우 자연스럽고 효과적인 방법이었다.

고대인들은 인간 만사는 신의 섭리에 따라 전개 된다고 믿었기 때문에 사람들이 체험하는 것을 사람의 이야기로 전하지 않고 그것을 신이 섭리 한다고 믿었던 신의 이야기로 전하였다.

단군 신화에 나오는 환웅과 곰 호랑이도 고대 인들의 종교 의식이 반영된 것이었다. 하느님을 수호 신으로 숭배했던 환웅족과 곰을 수호 신으로 숭배했던 곰부족 호랑이를 수호 신으로 숭배했던 호랑이 부족이 배달국과 고조선을 구성했던 것이다.

한편 고조선의 관료 조직으로는 단군 밑에 부단군(비왕) 재상상 니계상 장군 등이 있었고 단군의 유고시에는 뒤를 이을 태자도 미리 정해 두었으며 그렇지 못할 경우에는 제가 회의에서 유능한 인사를 선정하여 제위를 승계하기도 하였다.

분봉국인 제후국에도 제후를 보좌하는 대부 등이 있었다.

고조선의 중앙에는 상비군이 있었는데 이들은 외적을 방어 하거나 정벌을 하기 위해서 뿐만 아니라 통치의 수단으로서도 필수적 이었는데 군무를 담당하는 장군이라는 군인 관리 조직도 있었다. 또 이들은 상당히 발달된 무기와 장비를 갖추고 있었고 전투 능력도 상당히 우수 했던 것으로 보인다.

고조선의 군대 조직에서 기병과 전차병은 귀족들이 담당하였고 피지배 농민들은 보병만을 담당하였다.

그리고 유사시를 대비하여 일반 농민들은 평상시에도 칼과 창 등 무기류를 소지하고 있었다.

한편 한국과 중국을 포함한 동아시아 사회는 고대로 부터 농업을 경제의 기초로 하고 있었다. 고조선 2세 부루 단군은 도량형을 통일하고 정전제를 시행 하였으며 물을 다스려 백성이 농사짖기를 편하게 하였다.

고조선의 강역 가운데 농사에 가장 적합한 지역은 지형으로 보아 현 요하 유역으로 부터 송화강 흑룡강 우수리 강을 따라 펼쳐진 만주의 동북 평원과 한반도의 서해안을 따라 펼쳐진 평야지대 였을 것이다.

그런데 고조선 중기에 해당하는 기원전 10세기 무렵에는 기온이 지금보다 높았다고 한다. 따라서 이 기간에는 북방 지역도 지금보다 농사 짓기에 훨씬 좋은 환경이었을 것이다.

고조선에서는 벼 보리 콩 조 기장 팥 수수 피 등의 오곡을 비롯하여 여러 종류의 곡물과 대마 황마 목화 같은 섬유 식물들이 재배 되었고 누에를 길러 비단을 짜 입은 기록도 있다.

초대 단군 왕검이 하백의 딸을 황후로 맞이하여 누에 치기를 관장하였다는 기록도 있고 고조선 때부터 품질이 우수한 백첩포(목화 품종에서 뽑은 면)를 생산하였지만 중국의 경우 면직물은 원나라 때에 와서 생산되었다. 삼국사기에 백제 전지왕이 왜에 사신을 보낼때 백면 열필을 보낸 기록도 있다.

수천년 전에 쓴 산해경과 1,600년전 사마염의 서진시대 진수가 쓴 "삼국지 위지 동이전"에도 조선의 목화에 관한 기록이 있다.

이를 볼때 고려때 문익점이 원나라에서 몰래 목화씨를 가져 왔다는 이야기는 완전히 각색된 것이 틀림없다.

고조선 초기에 이미 목화가 있었고 마한에서는 도포를 입고 가죽신을 신었다고 기록이 되어 있는데 통일 신라 이후 삼베 옷을 입고 짚신을 신고 살았다고 한다.

그것은 아마도 당나라에서 신라를 핍박하여 목화를 심지 못하게 하였거나 아니면 당나라가 신라에 군포조공을 무리하게 요구하여 이를 감당하지 못한 신라 백성들이 목화 심기를 포기 하였는지 모를 일이다.

목화씨는 해를 묵혀서 파종 하면 발아가 안 되는 특성이 있기 때문이다.

고조선은 초기부터 청동기 사회였는데 청동기는 농기구로 사용되기 보다는 지배자의 권위를 상징하는 장신구(칼 도끼 방울 거울 등)로 많이 쓰였으나 청동 공구를 사용하여 강한 목재를 이용한 여러 종류의 농기구를 제작 함으로써 농경에 많은 발전을 가져 왔다.

고조선 중기에 이르면서 철기가 사용되기 시작하였고 철기는 청동기와 달리 주로 농기구 제작에 사용되었다.

따라서 농업 생산의 증대에 크게 기여 하였다.

농삿일도 마을의 주민들이 협동하여 공동으로 농작업을 함으로써 작업능률도 더욱 올릴 수 있었다.

위와 같이 고조선에서는 농업 기술과 농기구의 발달 철기의 보급 등에 기초하여 노동 능률이 크게 오르고 대규모의 농지 개간과 관계 시설도 가능하게 되어 농업 생산이 크게 증대 되었다.

또한 이렇게 농업 발달의 기초 위에서 조세 제도도 확립 되었는데 생산량의 20분의 1을 세금으로 납부하였다.

연이어 목축업과 수공업의 발달도 가져오게 되었고 농업과 목축업 수공업의 발달은 잉여 생산품을 낳게 하였고 그 일부가 상품화 되어 상업의 발달도 가져오게 되었다. 고조선 4세 오사구 단군 때에는 가운데에 둥근 구멍이 뚫린 화폐인 원공 패전을 주조하여 상품 거래의 편의를 도모 하기도 하였다.

상업의 발달로 인하여 고조선은 중국과 많은 무역 거래를 하였음도 발굴된 유물에서 확인되고 있는데 전국시대 연나라 화폐였다고 하는 명도전(BC 6세기 경에 만들어진 것으로 추정함)이 현 요하와 대릉하 유역 그리고 만주와 한반도 북부 지역에서 다량으로 출토 되고 있는데 이것은 고조선이 중국과 잦은 무역을 하였으며 그 결과로 중국의 화폐를 많이 확보하고 있었음을 알게 해준다. 즉 이것은 당시 고조선이 많은 외화를 보유한 부유한 국가 였다는 증거이기도 하다.

또 명도전은 연나라 화폐가 아닌 고조선의 화폐로 보기도 하는데 그 이유는 출토 지역이 고조선의 영역과 거의 일치하고 또 그 출토량이 엄청나게 많은데 그것은 명도전이 고조선 화폐이기 때문에 가능한 일인 것이다.

고조선 사회는 씨족을 중심으로 한 신분 사회였는데 사회의 신분으로는 지배귀족(제후 또는 대가) 민(民) 하호 노비 등이 있었다. 지배 귀족은 단군과 제후 및 그 일족들이었고 민은 지배 귀족으로 부터 분화되어 나온 자유민들인데 주로 자경 농민이었다. 하호는 일반 농민들로서 귀족에 반예속된 종속 농민 이었고 노비는 노예로서 지배 귀족애게 예속되어 재산으로 취급되었고 매매나 양도도 가능하였다. 이런 신분 구조에서 보듯이 고조선에서 생산에 종사했던 사람들은 민 하호 노예였을 것인데 민 보다는 하호나 노비가 주된 생산 담당자 였을 것이다

고조선 사회에서는 종교가 정치보다 우위에 있었기 때문에 고조선의 종교를 살펴 보는 것은 고조선 사회의 성격을 한층더 분명하게 이해 하는데 크게 도움이 될 것이다.

그시대 사람들은 사람이 죽은 후에도 영혼의 세계가 있으며 동물이나 식물 자연도 영이 있다고 믿었다.

그러한 의식이 발전하여 그들은 묘를 만들어 조상신을 숭배하고 동물이나 자연물을 수호 신으로 받들기도 하였으며 자신들이 수호신의 후손이라고 믿기 까지 되었다.

죽은 사람의 무덤인 고인들은 신석기와 청동기 시대에 나타나는 돌무덤 형식의 하나로 아시아 에서는 만주와 한반도에 많이 남아있다. 고인돌은 천지인(天地人)의 사상에 기초를 두고 있으며 여기에는 삼신사상이 녹아있다. 고인돌은 한반도의 경우 대략 4만기 정도가 있는 것으로 추정하고 있는데 사용된 판석의 무게는 10톤에서 300톤에 이른다. 이는 왕이 다스리는 강력한 통치 체제를 갖춘 사회가 아니면 불가능한 무게이다. 그리고 적석층(돌무지 무덤)도 만주와 한반도 등에서만 나타나는 독특한 형태의 무덤이다.

단군 신화에서 단군의 죽음에 대한 표현으로 "뒤에 아사달로 돌

아와 은거하여 산신이 되었다"는 내용이 있는데 고조선의 종교는 선(仙)을 추구하는 것으로 나타나 있다. 그래서 이를 수행하는 사람을 선인(仙人) 이라고 불렀던 것이다. 따라서 고조선의 종교는 선교(仙敎) 또는 신교(神敎)라 함이 마땅할 것이다. 그리고 선인(仙人)은 종교의 최고 지도자로서 신(神)의 경지에 이른 사람을 뜻 한다고 한다.

고조선은 과학 기술도 상당한 수준으로 발전하였는데 특히 청동과 철에 대한 기술일 것이다. 청동은 구리와 주석을 합금한 것인데 합금 비율에 따라서 청동의 성질이 달라 진다.

고조선에서는 청동의 용도에 따라 합금 비율을 달리하였다.

비파형 동검은 청동과 아연의 합금으로 그 재질이 강하고 단단하였으며 청동 거울인 다뉴 세문경은 주석의 비율이 27%에 달하여 매우 단단하다.

철기의 사용에 있어서도 제철 제강 기술이 상당히 높은 수준에 달해 있었고 철제 농기구의 발달은 농업 생산력을 증대시키는데 크게 기여 하였다.

고조선이 만주와 연해주 한반도 및 요서(요하 서쪽) 지역을 차지하고 있던 시기에 중국은 요 순시대로 부터 하 상 주 춘추 전국 진제국 서한 초까지 이른다.

그때까지 동아시아 지역에서는 고조선 이외 국가 수준의 사회

단계에 이른 곳은 그나마 중국이 유일한 나라였다.

그러한 연유로 고조선과 중국은 일찍부터 교류와 접촉이 있어 왔다.

고조선은 일찌기 중국의 순임금 시대에 초대 단군 왕검이 부루 태자를 도산(회계산;절강성 소재)에 파견하여 9년 홍수(홍수는 실재 22년간 계속되었고 치수 기간이 9년으로 중국은 이때 무려 31년 간이나 물난리를 겪었슴) 때에 치수의 비법을 가르처 준 일이 있었고 고조선의 수두교와 천자 문화를 중국에 전하기도 하였으며 배달국 때의 녹도문자가 중국 한자의 원형이 되기도 하였다.

그리고 고조선 13세 흘달 단군 때에는 하나라를 정벌하여 하 상 왕조 교체를 주도하기도 하는 등 한 민족의 전성기 시대를 구가 하였다.

고조선과 중국과의 관계에서 서주 시대까지는 고조선의 우월적 지위가 그대로 유지 되었으나 전국 시대에 들어 와서는 제나라와 연나라의 번조선 침입이 있었고 서한 시대에는 위만과 서한의 침입도 있었다.

앞에서 본 바와 같이 우리 배달국과 고조선은 고대 동북아 역사에서 절대적 위치에 있으면서 사회 문화 발전을 주도하여 왔으나 중국이 한나라 이후 국내 사정을 안정시키고 국력을 키운 후 부터는 중국의 침략을 계속 받게 되고 우리 조상들이 점차 동쪽으로 밀려 나면서 이때 부터 동북아 역사에서 중국에 그 주도권을 내어 주게 되었다.

그리고 고조선이 멸망된 후 만주 지역에는 부여 고구려 읍루가 또 한반도 지 역에는 평안도에 낙랑국 함경북도에 북옥저 함경남도에 남옥저 함경남도 남부와 강원도 북부에 동예 충청도와 전라도에 마한 경상도에 진한 경상도와 전라도 사이에 변한 등 열국의 분립 현상이 나타났는데 이는 중국사에서 서주왕국의 통치력이 약화 되자 여러 제후국들이 일어나 춘추 전국 시대를 맞이하게 된 것 처럼 그와 똑 같은 현상이 한국사에서도 나타나게 되었다.

우리가 고조선의 역사와 문화를 바르게 알려면 무엇보다도 마흔 일곱분 단군들에 대한 기록을 역사적 사실로 인정해야 한다. 그럼에도 이 땅에는 이천여년에 달하는 고조선 역사의 알맹이와 그 멸망 과정의 진실이 모두 증발되어 버린 엉터리 역사서들이 활개를 치고 있다.

현행 초 중 고 역사 교과서를 보라

기원전 2,333년 단군의 건국 사실을 언급 하면서 정작 단군은 실존 인물도 신화의 주인공도 아닌 애매한 존재로 취급하고 있다. 역사 교과서 조차 단군왕검의 건국 사실만 말할 뿐 마흔 일곱분 단군의 치세에 대하여는 일언 반구도 없다.

초대 단군왕검 고조선 말기의 번조선의 준왕 그리고 준왕을 쫓아낸 위만 이 세 사람 만이 고조선의 왕으로 거론 될 뿐이다.

대한민국의 역사학계는 역사를 이끌어 간 주체가 없는 유령의 역사를 가르치고 있는 것이다.

중국과 일본이 한민족의 고대사를 왜곡한 결과 한국 중국 일본은 서로 다른 조선관을 가지게 되어 고조선의 실체를 서로 다르게 해석한다. 중국은 기자가 세운 기자 조선을 일본은 위만이 세운 위만 조선을 내 세운다.

지금 한국의 강단 사학계는 중국과 일본이 왜곡한 기자 조선을 그대로 받아 들여 한국사의 체계를 단군 조선→기자 조선→위만 조선→한사군으로 잡고 한사군의 꼬리에 고구려 백제 신라의 삼국 시대를 이어 붙인다. 그러나 이것은 매우 잘못된 한국사 체계이다. 이런책이 한국의 대표사서 라니 부끄럽고 안타 깝기 그지없다. 진정한 조선은 오직 2,096년에 걸쳐 마흔 일곱분의 단군이 다스린 단군 조선 뿐이다.

이를 두고 북애자(조선중기 숙종조 때의 사학자)는 규원사화에서 압록강 바깥 사방 만리 땅은 우리 선조들이 고생하여 경영하던 땅이니 어찌 본시 중국 한나라 땅이 겠느냐고 하면서 어찌하여 우리는 중국의 위엄은 믿으면서 자기 조상들의 자랑할 만한 빛나는 무훈은 살피지 못하는가 하고 탄식하였다고 한다.

또 단재 신채호 선생은 "독사신론"에서 조선의 역사는 무정신의 역사이고 조선 민족은 역사의 뿌리를 통째로 잃어 버리고도 뚜렸한 문제 의식이 없이 살아가는 민족이라고 질책한 바 있다.

즉 정신 없는 역사는 정신 없는 민족을 만든다고 질책 하였던 것이다.

이렇듯 우리는 광복 75년이 넘도록 아직도 빈껍대기 역사를 가르치고 배우고 있는 것이다.

중국과 일본의 역사 학계는 없는 사실도 있는 것처럼 잘도 맞추어 끼워 넣고 있는 형국인 반면 이 땅의 강단 사학계는 조조가 세운 위나라의 왕침이 쓴 위서에서 이천년 전에 단군 왕검이 있었고 그가 아사달에 조선을 세웠다고 하였으며 또 우리의 고기에도 환국이 있었다고 기록되어 있으며 러시아의 역사 학자들은 동북아 상고 역사에서 고조선을 뺀 역사는 감히 생각 할 수도 없다고 말하고 있는데도 이런 사실 조차 제대로 인정하려 들지 않으니 대체 이를 어떻게 이해해야 할지 참 가늠하기 힘들다.

이렇듯 중국과 일본의 한국사 왜곡 날조의 결과로 현재 한국의 강단 사학 및 세계에 알려진 한국사의 현주소는 말 그대로 참담하기 그지 없다.

고조선의 역사를 실화가 아닌 신화로 보고 있으며 단군 왕검이 고조선을 세웠다고 한다 라고만 기술하고 있다.

또 한국의 역사는 위만 조선과 한사군에 이어 중국의 식민지로 출발하였고 중국 한나라 때에는 한반도의 한강 이북지역까지 그들의 영토로 표시되어 있다.

그 결과 한국의 역사는 이천 이백년 밖에 되지 않는 형편 없는 역사로 깍아 내려지고 있는 것이다.

오늘의 한국인은 우리 역사의 참 모습을 잘 모른다.

중국의 중화 패권주의 역사관과 일제의 식민주의 역사관의 늪에 빠져 우리 역사의 진실을 보지 못하기 때문이다.

자신의 역사도 알지 못하는 민족이 중국과 일본의 역사 도적질을 나무랄 수 있겠는가? 어떤 의미에서는 역사를 훔친 민족보다 역사를 지키지 못한 민족이 더 비난 받아 마땅 할 것이다.

오늘날 한국사가 안고 있는 대명제는 무엇 보다도 먼저 단절되고 왜곡된 한국사의 면모를 바로 잡는 것이다.

조작된 역사가 바로 잡힐 때 역사를 재구성하는 힘이 생기고 새 역사를 창조 할 수 있는 지혜가 열릴 것이다.

이에 우리의 역사도 조선 만주 등지의 땅속 발굴과 금석학 고전학 지리학 미술학 계보학 신학(종교학) 등의 학자가 많이 배출되어야 하겠지만 우선은 급한 대로 있는 역사책(한국 중국 일본 등 관련국)을 가지고서 라도 그 득실을 평가하고 진위를 가려내어 조선사를 새로이 바로 잡고 고쳐 나가야 할 것이다. 즉 사라진 것을 찾아서 새로이 끼워 넣고 빠진 것은 다시 채워 넣고 사실이 아닌 것은 과감히 빼버려야 한다.

이렇듯 한민족의 역사는 새로이 조명 되어야 하고 새로 써야 할 것이다.

그렇게 할 때 한민족의 정신과 혼을 꽁꽁 묶고 있는 역사 왜곡의 쇠사슬을 쾌연히 끊어 내고 8천만 겨레가 다같이 한국사의 중심에 우뚝서게 될 것이다.

또한 오늘을 사는 우리는 자라나는 어린 세대들에게 떳떳하고 자랑스러운 역사를 가진 민족이라는 자긍심을 가지고 살아 갈 수 있도록 해야 할 시대적 소명이 있다고 생각하기 때문이기도 하다.

한국 상고사 실체

제1장 배달국

1. 한 민족 최초의 국가 배달국

환웅 천황이 신시 배달국을 건국하기에 앞서 인류의 시원국가이면서 전 인류의 뿌리 국가인 동시에 우리 한민족의 뿌리 국가이기도 한 환국(桓國)이 있었다.

환국은 초대 환인 천제(안파견 환인)께서 기원전 7200년 경에 알타이산(금악산) 동방으로부터 바이칼 호수를 중심으로 하여 중앙아시아 러시아 몽고 만주 등 넓은 지역에 걸쳐 있었던 나라로 그 땅의 넓이는 남북 오만리 동서 이만리였다.

환국은 환인 천제(桓仁天帝)의 형제 아홉 족속(九桓族)이 열두나라 (비리국 양운국 구막한국 구다천국 일군국 우루국 객현한국 구모액국 매구여국 사납아국 선패국 수밀이국)로 나누어 다스렸는데 초대 안파견 환인 천제 이후 7세 환인 천제(혁서환인 고시리환인 주우양환인 석제임환인 구을리환인 지위리환인)까지 계승 되었는데 3301년(BC 7197~BC 3897) 간이나 존속하였다.

환국의 연방중 가장 서쪽에 위치한 수밀이국 사람들이 천산

산맥을 넘어 메소포타미아 지방으로 진출하여 이들이 슈메르 문명을 탄생 시켰는데 이 슈메르 문명이 뒷날 유럽 문명의 뿌리가 되었다.

또 연방중 가장 동쪽에 거주하던 나라 사람들의 일부가 북동쪽으로 배링 해협과 알류우산 열도를 지나 아메리카 대륙으로 진출하여 아메리카 인디언이 되었는데 이들이 아즈텍 문명과 잉카 문명을 탄생시켰다.

환국은 지금부터 4~5만년 전에 화생한 현생인류(호모 사피엔스 사피엔스;슬기슬기 인간)인 크로마뇽인의 후손이 세운 나라로 광명(하늘에서 내려오는 환한 빛)을 숭상하였으며 무병 장수를 누린 신성 문명의 황금시대 였다고 한다.

환국 말기에 서자부의 수장 환웅이 용기와 어짐과 지혜를 겸비하고 있었는데 마지막 7세 지위리 환인(일명 단인)께서 동방 개척의 사명을 환웅에게 부여 하시고 종통 계승의 증표로 천부인 세 종류를 내려 주시면서 홍익 인간의 이념으로 세상을 깨우쳐 새 시대를 열라고 명 하셨다.

기원전 3,897년 환국의 마지막 7세 지위리 환인(일명 단인)으로부터 동방 개척의 명을 받은 초대 환웅 천황(桓雄天皇:거발환 환웅)은 파미르 고원에서 광명의 본원지를 찾아 음력 10월 3일 동방의 백산(백두산)과 흑수(흑룡강) 사이의 지역에 내려 오셨다.

그리하여 천평(天平:하늘평원:백두산 아래 남쪽평원)에 자정(子井)과 여정(女井)의 우물을 파고 청구에 농사 짓는 땅을 구획하였다.

환웅 천황은 지위리 환인께서 국통 계승의 증표로 주신 천부(天符)와 인(印) 3종류(일종의 신물로 천용지용인용의 조화 경전 이었다고 함:맹자에)를 지니고 풍백 우사 운사와 함께 무리 삼천명(일종의 문명개척단)을 거느리고 오사(五事)를 주관하시어 세상을 신교(神敎)의 진리로 다스려 깨우쳐 주시고 인간을 널리 이롭게 하시며 신시(神市)에 도읍을 정하여 한 민족 최초의 나라를 여시니 배달국(倍達國)이라 하였다.

배달은 밝음을 뜻하는 배(밝)와 땅을 뜻하는 달(양달 응달등)을 합한 말로 밝은 땅 즉 광명의 동방 땅을 뜻한다.

우리 민족을 "배달 겨레"라 하는 것은 한민족 최초의 나라인 배달국에서 연유한 것이다.

환웅천황은 삼신 오제(三神五帝) 사상을 국가 경영 원리로 삼아 삼백 오가(三伯五加) 제도를 만드셨다.

즉 풍백(風伯:입법관) 우사(雨師:행정관) 운사(雲師:사법관)와 함께 오가(五加)에게 농사(주곡:우가) 왕명(주명:마가) 형벌(주형:구가) 질병(주병:저가) 선악(주선악:양가)을 주관하셨다.

환웅 천황은 여러 신령한 인물과 명철한 인재를 두루 모아 신하로 삼고 웅족의 여인(態女)을 맞아 들여 황후로 삼으셨다.

환인 천제로 부터 국통 계승의 증표로 천부와 인을 받은 환웅천황은 국가 통치 이념도 함께 전수 받았다.

그 이념이 바로 인간 세상을 널리 이롭게 하라는 홍익인간(弘益人間)이다. 대부분 고조선의 국시(國是)로 잘못 알고 있는 홍익인간 사상은 사실은 6천년전 배달국의 통치 이념인 것이다.

환웅 천황은 재세이화(在世理化)를 기반으로 하여 홍익인간(弘益人間)을 실천하였다. 환웅은 이어 한민족 고유의 신교 경전인 천부경(天符經)과 삼일신고(三一神誥)를 강론하여 신교의 우주관 신관 인성론 수행관에 관한 가르침을 베풀었다.

천부경은 환국 시대부터 구전되어 오던 것을 배달의 환웅 천황이 신지 혁덕에게 명하여 당시의 문자인 녹도문으로 옮겨 놓은 인류 최고(最古:가장 오래됨)의 경전인데 신라때 최치원이 신지의 "전고비"를 묘향산 암벽에서 발견하여 해서로 바꾸어(최치원은 옛 녹도문을 해독할 수 있었음)첩(帖)으로 만들어 세상에 전했다고 한다.

삼일 신고는 배달의 환웅 천황 때에 만들어져 그 때의 문자로 기록된 것인데 대진국(발해) 때 대아발(대조영의 동생)이 돌궐국 석비(감숙성 평량현 소재)에 새겨져 있는 것을 발견하여 배껴서 해석해 놓은 것이 지금까지 전해져 내려오고 있다.

천부경은 우주론과 인간론의 진수가 압축되어 있는 인류 최초의 계시록(철학서)이고 삼일 신고는 환웅 천황이 백성의 교화를 위하여 직접 지은 다섯장으로 된 신학서이다.

환웅 천황은 소도(蘇塗:천신께 제사 지내는 종교적 성지)와 관경(管境:관할영토)과 책화(責禍:읍락사이의 경계:침범시 노예와 소와 말을 벌칙으로 부과 하였다함)를 주관하시고 백성의 의견을 하나로 모아서 통일하는 화백 제도를 두었다.

우리는 여기서 태백산(백두산) 신단수 아래에 내려 오시어 신시를 열고 10월 3일에 개국하여 홍익 인간의 이념으로 나라를 다스린 분은 환웅 천황의 배달국이지 단군 왕검의 고조선이 아님을 바로 알아야 한다. 따라서 개천절의 주인공도 단군 왕검이 아니라 환웅 천황이어야 하는것이다. 그리고 우리가 기념하는 개천절도 지금처럼 양력 10월 3일이 아니고 음력 10월 3일이 되어야 한다. 왜냐하면 그 당시는 모두가 공통으로 음력을 사용하였기 때문이다.

환웅 천황이 배달국을 건국할때 웅족(熊族; 곰을 토템으로 하는 종족으로 여권 중심의 부족)과 호족(虎族 ; 호랑이를 토템으로 하는 종족으로 남권 중심의 부족)이 이웃하여 살았다.

이 족속들은 일찌기 삼신께 천제를 올리고 기도를 드리는 신단수에 가서 삼신의 계율을 따르는 백성이 되기를 바랍니다 하고 빌었다. 환웅께서 그 소식 듣고 가히 가르칠 만 하도다 하시고 신령한 도술로써 환골(換骨)케 하여 정신을 개조 시켰다.

이때부터 삼신께서 전해주신 정해법(靜解法)으로 그렇게 하셨는데 쑥 한묶음과 마늘 스무매를 영험하게 여겨 이를 주시며 경계하여 말씀하셨다. 너희들은 이것을 먹고 100일 동안 햇빛을 보지 말고 기도하라 그러면 참된 인간이 되리라 하셨다. 이에 웅족과 호족이 함께 쑥과 마늘을 먹으면서 삼칠일(21일)을 지내더니 웅족은 능히 굶주림과 추위를 참아내고 계율을 지켜 인간 본연의 참모습(儀容;의용)을 얻었으나 호족은 방종하고 게을러 계율을 지키지 못하여 좋은 결과를 얻지 못하였으니 이것은 아마도 두

부족의 성정(性精)이 서로 같지 않았기 때문이다. 웅족은 참을성과 친화력이 있었으나 호족은 그렇지 못한 듯 하다.

후에 웅족의 여인(態女)들이 시집 갈 곳이 없어 매일 신단수 아래에 와서 주문을 외우며 아이 갖기를 빌었다. 이에 환웅께서 이들을 임시 환족으로 받아 들여 환족 남자들과 혼인하게 하셨는데(수두를 행하는 환웅족과 곰을 토템으로 하는 웅족과 융화 통혼) 임신하여 아이를 낳으면 환(桓)의 핏줄을 이은 자손으로 입적시켰다.

따라서 고대 우리 민족은 중앙아시아와 러시아 등에서 남하 하여 정착한 민족이 아닌 처음부터 이땅에 정착하여 살던 토착 민족 이었던 것이다.

2. 배달국의 동방 문명 개창

가. 배달 개창기의 취화법

환웅 천황께서 사람의 거쳐가 이미 완비되고 만물이 제자리를 얻는 것을 보시고 고시례(高矢禮)로 하여금 음식과 양육의 일을 전담케 하셨다. 이분은 주곡 벼슬을 맏았으니 주곡관으로서 불로 음식을 익혀 먹게 하고 농사일을 주관 하셨다. 당시에는 씨뿌리고 거두는 법이 갖추어 지지 못하였고 불씨도 없어 걱정이었다.

어느날 깊은 산에 들어 갔다가 오래된 나뭇 가지가 거센 바람으로 마찰되어 불이 일어 나는 것을 보고 집으로 돌아와 나뭇

가지를 마찰하여 불을 만들었다. 그러나 여전히 불을 얻기가 불편 하였다.

다음날 다시 산에 들어가 배회하며 깊이 생각하고 있는데 갑자기 호랑이 한마리가 울부 짖으며 달려 들었다. 고시례씨가 크게 놀라 소리 지르며 돌을 집어 힘껏 던졌으나 빗나가 바위에 맞고 불이 번쩍 일어 났다. 이에 집으로 돌아와 돌을 부딪쳐서 불을 얻었다.(부싯돌을 만듬) 이로부터 백성들이 음식을 불에 익혀 먹게 되었다.

쇠를 녹이고 단련하는 기술이 비로소 일어나고 물건을 만드는 기술도 점차 나아지게 되었다. 그후 고조선에서도 "고시"라는 분이 농사일을 주관 하셨다. 이후 들에서 농사 짓고 산에서 나무하는 사람들이 음식을 먹을 때는 먹기 전에 항상 음식을 먼저 떠서 던지며 "고시례"라고 하였다. 이것은 농사 짓고 화식하는 방법을 가르쳐준 은혜를 잊지 못하여 형성된 풍습이 지금까지 전해 내려 오고 있는 것이다.

나. 태고 문자의 창시

환웅 천황께서 다시 신지 혁덕에게 명하여 문자를 만들게 하셨다. 신지씨는 대대로 주명 직책을 관장하여 왕명을 출납하고 천황을 보좌하는 일을 전담하였으나 다만 말에만 의존 할 뿐 문자로 기록하여 보존하는 방법이 없었다.

어느날 혼자 사냥을 가서 사슴을 쫓다가 사슴이 달아 나면서 찍어 놓은 발자국을 보고 골똘히 생각하다 문득 깨닿고 기록하여 보존하는 방법이 이와 같을 뿐이로다 라고 하였다. 이날 사냥을 마치고 돌아와 골똘히 생각하며 온갖 사물의 형상을 관찰하였다. 며칠이 지나지 않아 깨달음을 얻어 문자를 창제하니 이것이 태고 문자의 시작이다(鹿圖文子;녹도문자)

신지씨는 초대 환웅 천황의 명에 따라 이 문자로 천부경과 삼일 신고 두경전을 기록 하였다. 다만 그후로 너무 오랜 세월이 흘러 지금은 태고 문자가 사라져 남아 있지 않다. 아마 그 구조가 쓰기에 불편한 점이 있어 그렇게 된 듯 하다.

다. 웅족의 정착과 환족으로의 귀화

환국 말기에 다스리기 어려운 강족이 있어 이를 근심하던 차에 환웅께서 삼신의 도로써 가르침을 베풀고(以 三神 設敎;이 삼신 설교) 전계(佺戒)로 삶의 본업을 삼으며 백성을 모아 맹세하게 하고 권선 징악의 법을 두었다. 이때부터 은밀히 강족을 제거 하려는 뜻을 두셨다.

이때 각 부족의 이름(族號;족호)이 한결 같지 않고 풍속은 점점 갈라 졌다. 본래 살고 있던 사람들 (先住民;선주민)은 호족이었고 새로 살기 시작한 사람들은 웅족이었다. 웅족은 어리석고 괴팍하며 고집스럽고 호족은 탐욕이 많고 잔인하여 오로지 약탈을 일삼아 서로 조화를 이루지 못하였다. 비록 같은 곳에 살았으나 세월이 지날수록 더욱 소원해 졌다.

그리하여 서로 물건을 빌려 주거나 빌리지도 않고 서로 혼인도 하지 않으며 매사에 서로 불복하여 함께 같은 길을 가지 않았다. 이 지경에 이르자 웅족의 여왕(熊女君;웅녀군)이 환웅께서 신령한 덕이 있으시다는 소문을 듣고 무리를 거느리고 찾아와 환웅을 뵙고 아뢰기를 원하옵건데 저희들에게 살 곳을 내려 주십시요.

저희들도 하나 같이 삼신의 계율을 따르는 환족의 백성이 되고자 합니다 라고 하였다.

환웅께서 그 말을 듣고 허락하시어 웅족에게 살곳을 정해 주시고 자식을 낳고 살아가게 하셨다. 환족의 흥성이 이때부터 시작되었다.

그러나 호족은 끝내 성격을 고치지 못하므로 사해(四海) 밖으로 추방하였다. 쫓겨난 호족은 일설에 의하면 이들은 배링 해협과 알류우산 열도를 지나 아메리카 대륙으로 건너가 아메리카 인디언이 되었다고 한다.

라. 배달 민족의 문명화 과정

환웅 천황께서 풍백 석제라(釋提羅)를 시켜 새 짐승 벌레 물고기 등의 해는 없애게 하였으나 그래도 사람들은 아직 동굴과 움막에 거쳐 하였다. 땅의 습기와 바깥 바람의 기운이 사람에게 침범하여 병을 일으키고 또 금수와 벌레와 물고기 무리들이 한번 쫓겨난 뒤로 점차 인간을 피하여 숨어 버려 잡기가 쉽지 않았다.

그리하여 우사 왕금(王錦)을 시켜 사람들의 살집을 짓고 소와 말 개 돼지 호랑이 독수리 같은 짐승을 잡아 길러 이용하였다.

운사 육약비(陸若飛)를 시켜 남녀가 혼인하는 방법을 정하게 하시고 치우로 하여금 대대로 병마와 도적을 잡는 직책을 관장하게 하셨다. 이때부터 치우 고시 신지의 후손이 가장 번성 하였다.

마. 인류 전쟁의 시초

배달국 환웅 천황께서 처음 세상에 내려 오셨을 때에는 산에는 길이 없고 못에는 배와 다리가 없었으며 금수는 무리를 이루고 초목이 무성 하였다. 사람이 금수와 더불어 살았고 만물과 어우러져 같이 살았다. 짐승 떼에 굴레를 씌워 놀고 까마귀와 까치의 둥지에 올라가 살펴 보곤 하였다. 배 고프면 먹고 목마르면 마시며 때로는 짐승의 피와 고기를 이용하였다. 옷을 짓고 농사 지어 먹으며 편한 대로 자유롭게 사니 이때를 지극한 덕이 베풀어지는 세상(至德之世;지덕지세)이라 일렀다.

백성이 살면서 할일을 모르고 다니면서 갈 곳을 모르고 행동은 느리고 만족하며 보는 것도 소박하고 무심 하였다. 오직 배불리 먹고 기뻐하며 배를 두드리고 놀았다. 해 뜨면 일어나 일하고 해 지면 쉬니 하늘의 은택이 넘쳐 흘러 궁핍을 알지 못하는 시대였다. 후대로 내려 오면서 만물과 백성이 번성하자 소박한 기풍은 점점 사라지고 열심히 노력하며 수고로이 일하지 않으면 살아가기가 어렵게 되어 비로소 생계를 걱정하게 되었다.

그리하여 농사 짓는 사람은 이랑을 두고 다투고 고기 잡는 사람은 구역을 두고 다투어 싸워서 얻지 않으면 궁핍을 면 할 수가 없었다.

그 뒤에 활과 쇠뇌가 만들어 지자 새와 짐승이 숨고 그물이 펼쳐지자 물고기가 숨어 버렸다. 심지어 창과 칼과 갑옷으로 무장하고 서로 공격하며 이를 갈며 피를 뿌리고 싸우니 하늘의 뜻(선천의 상극 질서)이 본래 그러 하였기 때문이다. 이러한 상황에 이르자 전쟁을 피 할 수 없음을 알게 되었다.

지금 인류의 근원을 상고해 보면 모두가 한 뿌리의 조상(一源之祖;일원지조)이다. 그러나 땅 덩어리가 동서로 나뉘면서 각기 한 곳에 웅거하고 지역 경계가 아주 단절되어 사람이 서로 왕래하지 않았다. 그리하여 사람들은 자신들이 있는 것만 알고 다른 사람들이 있는 것은 알지 못하였다. 그러므로 수렵하고 나무를 채벌하는 외에는 다른 험난한 일이 없었다.

수천년이 지나고 세상 판도가 이미 변화하자 중국은 당시 서쪽 땅(西土)의 보고였다. 기름진 땅이 수천리요 기후가 좋아 우리 환족(桓族)이 그 땅에 이주할 때 앞을 다투어 나아 갔고 토착민들도 몰려 들어 그 곳에 모여 살았다. 자기 편이면 돕고 뜻을 달리하면 원수 처럼 여겨서 싸움이 일어 났으니 이것이 바로 만고 전쟁의 시초이다.

3. 배달의 전성기

가. 태우의 환웅의 막내 아들 태호 복희

지금부터 5,600년전 초대 환웅 천황으로 부터 5세를 전하여 태우의 환웅이 계셨다. 태우의 환웅은 아들을 열 두명을 두었는데 맏이는 다이발 환웅(6세 환웅)이고 막내는 태호이니 복희라고 불렀다.

사람을 가르칠 때 반드시 생각을 고요히 가라 앉혀 마음을 깨끗이 하고 호흡을 고르게 하여 정기를 잘 기르게 하였으니 이것이 바로 장생의 법방이다. 태호 복희가 어느날 삼신께서 성령을 내려 주시는 꿈을 꾸고 천지 만물의 근본 이치를 환히 꿰 뚫어 보게 되었다.

이에 삼신산(백두산)에 가시어 하늘에 제사 지내고 천하(天河;송화강)에서 괘도(卦圖;복희 8괘)를 얻으셨다. 그 위치를 바꾸어 추리하면 오묘하게 삼극(三極)과 부합하며 변화가 무궁하였다.

복희씨는 신시에서 출생하여 발귀리 선인과 동문수학 하였고 우사 직책을 대물림 하였다. 복희씨는 뒤에 소수맥(혼하유역;열하성 조양현 옥야)에서 남하하여 청구(대릉하 유역) 낙랑(현 난하 유역)을 지나 중원의 진(陳;하남성 회양현) 땅에 이주하여 수인(燧人)씨 유소(有巢)씨와 함께 서쪽 땅(西土)에 나라를 세웠다. 복희씨는 여러 대가 지난후(15세 무희씨때) 나라를 신농씨에게 넘겨 주었다.

동생 여와와 함께 부부로 살면서 환역(桓曆;현재의 달력과 같은것)과 24절기와 절후표도 이때에 만들었다.

그후 풍산에 나뉘어 살면서 역시 풍(風)으로 성을 삼았다.

풍이족은 봉(鳳)을 숭배 하였으니 설문해자에서는 봉은 신조이니 동방 군자의 나라에서 나온다고 하였으며 그 새가 나타나면 천하가 안녕하다고 하였다. 지금 산서성 제수(濟水)에 회족의 옛거주지가 아직도 남아 있는데 임(壬) 숙(宿) 수구(須句) 수유(須臾;전유의 오기인듯 함) 등의 나라가 에워 싸고 있었다.

여와는 복희의 제도를 계승하고 주양은 옛 문자를 기본으로 하여 처음으로 육서(六書)를 세상에 전하였다. 복희의 능은 산동성 어대현 부산 남쪽에 있다.

나. 염제 신농

신농(神農)은 5,200년전 열산(列山;호북성 수주시 여산진)에서 창업 하였는데 열산은 열수(列水)가 흘러 나오는 곳이다.

신농씨는 처음에는 복희씨가 터를 잡은 하남성 진(陳)에 도읍하였다가 뒤에 산동성 곡부로 옮기고 견전에게 웅이산(하남성 소재) 아래 유웅국을 봉하고 황토인을 살게 하엿다.(중원 땅에 배달국의 분국을 세움)

그후 유웅국은 8세 유망제에 이르기 까지 520여 년간 존속 하였다.

신농은 소전(少典;8세 안부련 환웅의 신하겸 군병 감독관)의 아들이고 소전은 소호와 함께 모두 고시씨(高矢氏;환웅 천황의 신하)의 방계 자손이다. 소전은 강수(섬서성 기산현 기수) 땅에서 군병 감독관을 지냈으므로 성씨를 강씨로 하였다.

당시는 백성이 정착하여 각기 생업에 종사 하였으므로 점차 인구가 증가 하였다. 곡식과 삼(痲;마)을 많이 생산하고 각종 의약과 치료법도 점점 갖추어져 대낮에 저자(시장)를 열어 교역을 하고 돌아갔다. 신농씨는 나무로 쟁기와 보습 같은 농기구를 개발하였고 스스로 수백 가지의 풀을 직접 맛보아 의약을 개발하였으며 시장 제도를 처음으로 시작 하였다. 신농씨는 농경의 시조 의학의 시조 교역 문화의 창시자 등으로 불리며 후세 사람들의 존경을 받고 있다.

다. 치우 천황의 서토 대정벌

신농국(유웅국)이 8세 유망제에 이르러 정치의 속박이 가혹해 지자 여러 읍락 사이가 나빠져 백성이 많이 흩어지고 세상 살이가 심히 어렵게 되었다. 이때 까지만 해도 중국인들은 서쪽땅(감숙성 돈황현 삼위산 주변;중국 한족의 시조 반고 가한이 처음으로 개척한 땅)에 치우쳐 있었고 중원 땅에는 오직 환웅 천황의 배달국과 신 농의 유웅국이 있을 뿐이었다. 배달국은 10세 갈고 환웅 때에는 신농의 나라와 국경을 접하고 있었다.

치우 천황(14세 자오지 환웅)은 신시의 웅렬한 기상을 계승하여 새롭게 일을 펼칠때 하늘의 뜻을 살피고 땅을 개간하여 뭇 생명을 다스리며 사람의 마음을 열어 생명을 존중하니 백성들이 스스로 원리를 살필 수 있게 되었다.

이때 자부 선인께서 7회제신력(七回祭神曆;달력의 일종)을 만들고 삼황내문(三皇內文;이것이 뒷날 우사공에게 전수되어 9년 홍수에서 치수를 다스린 금간옥첩으로 오행치수 법의 뿌리가 된 것임)을 지어 천황께 바쳤다. 천황께서 매우 기뻐하시고 삼청궁(청구국 대풍산 남쪽에 있었다 함)을 지어 기거하게 하셨다.

천황께서는 백성과 더불어 나라를 다스리고 호랑이 처럼 늠름하게 황하 북쪽에 웅거하여 안으로 군사를 용맹하게 훈련시키고 밖으로 시국의 변화를 관망하였다.

유망의 정치력이 쇠약해 지자 치우 천황은 군사를 출정시켰다. 형제와 부계 일족중에 장수가 될만한 인물 81명을 뽑아 모든 군사를 거느리게 하고 갈로산(산동성 청도시 부근)의 쇠를 캐어 칼과 창과 갑옷과 큰활과 호시(싸리 나무로 만든 화살)를 많이 제작 하였다. 그리고 전군을 모아 대오를 정비하여 탁록(하북성 장가구시 인근)을 함락 시키고 구혼에 올라 싸울 때 마다 승리를 거두었다.

그 형세가 자못 질풍과 같아 만군을 복종시키고 천하에 위엄을 떨쳤다. 1년 사이에 아홉 제후의 땅을 함락시키고 다시 옹호산에 나아가 구치로서 수금(水金)과 석금(石金)을 캐어 예과(삼지창)와 옹호극(긴창 옆에 칼날이 낫과 같이 달려 있는 무기)을 만들었다.

다시 군사를 정비하여 몸소 거느리고 양수(羊水)로 진출하여 빠르게 공상(하남성 진류현;후일 송의 도읍지인 개봉)까지 진격하였다.

공상은 당시 유망의 도읍지 였다. 이에 치우 천황이 12제후의 나라를 모두 병합할 때 죽은 시체가 들판에 가득하니 서토(西土; 중국땅)의 백성들이 간담이 서늘하여 도망치지 않는 자가 없었다.

배달국 시대에는 중국 중화는 이름 조차 없었고 단지 동방 배달국의 제후가 맡아 다스리는 서쪽땅이 있을 뿐이었다. 서방족은 동방족의 문화와 체제속에 귀속되어 아직도 뚜렷한 민족 단위를 형성하지 못하고 있었다.

천황께서 예과와 옹호극을 휘두르며 유망의 장수 소호와 싸울 때 큰 안개를 일으켜 적의 장수와 병졸로 하여금 혼미하여 자중지란을 일으키게 하니 소호가 대패하여 황급히 공상으로 들어가 유망과 함께 달아났다.

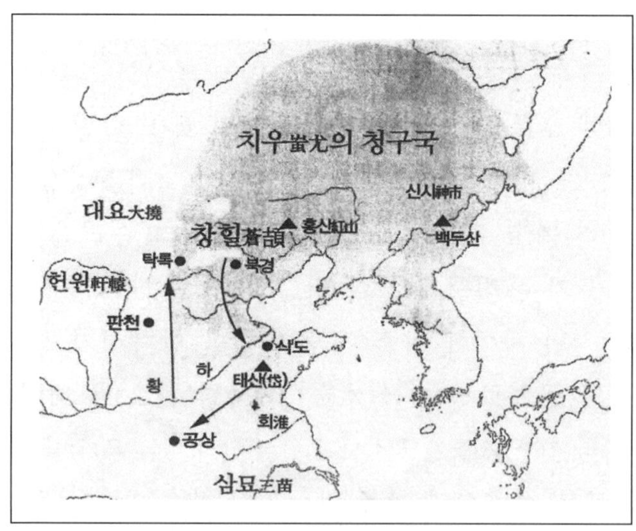

치우 천황의 서토 경략 경로

라. 헌원을 토벌하여 신하로 삼다.
(중국 문명의 발상지 탁록)

이때 신농국에서 유망제를 도와 섭정을 하다 유망제가 정사를 과격하게 단속하여 제후들로 부터 민심을 잃게되자 반란을 일으켜 상곡의 판천 들판에서 유망제를 시해한 공손 헌원(公孫軒轅; 중국 한족의 시조로 웅씨족 소전의 방계 후손인데 사기에는 백민에서 태어나고 동이에 속한 사람이라고 함) 이라는 자가 있었는데 토착민의 우두머리 였다. 천황께서 공상에 입성하여 새로운 정치를 크게 편다는 소식을 듣고도 감히 스스로 천자가 되려는 뜻을 품고 병마를 크게 일으켜 치우 천황과 승부를 겨루려 하였다,

이때 모든 제후는 치우 천황의 신하가 되어 섬기지 않는 자가 없었는데 이 또한 배달로 부터 문물을 배워 갔기 때문이다.

천황께서 항복한 장수 소호(少昊)를 먼저 보내어 탁록을 포위하여 멸하려 할 때 헌원이 오히려 항복하지 않고 감히 수많은 전쟁에 나섰다.

천황께서 구군(九軍)에 명하여 군사를 네 길로 나누어 진군하게 하고 몸소 보병과 기병 삼천을 거느리고 곧장 탁록의 유웅(有熊) 들판에서 여러번 헌원과 맞 붙어 싸울 때 군사를 풀어 사방에서 협공하여 참살하니 그 수를 헤아릴 수가 없었다. 큰 안개를 일으켜 지척을 분간하지 못하게 하고 전투를 독려하니 적군은 두렵고 손이 떨려 바쁘게 도망쳐 백리안에 병마가 보이지 않았다.

이에 기주(箕州) 연주(埏州) 회수(淮水) 태산(泰山) 땅을 차지하고 탁록에 성을 쌓고 회 대(회수 태산)에 집(궁궐)을 짓고 헌원이 동쪽으로 침투할 길을 막으니 헌원과 그 무리가 신하를 칭하며 조공을 바쳤다.

이때 헌원은 치우 천황의 스승인 자부 선인에게 와서 도를 닦고 동방 신교문화를 전수 받았으며 삼황내문경(神敎 仙敎의 경전)을 배워 갔다(진나라 갈홍이 쓴 포박자에) 헌원의 "황제 내경"과 노자 이이(李耳)의 "도덕경"은 모두 동이족인 배달과 고조선의 신교 문화의 터전에서 나온 것이다.

그리하여 산동성 산서성 하북성 하남성 안휘성 강소성 까지 영토를 넓혔다. 천황이 붕어 한지 수천년이 지났지만 진실로 길이 남을 찬란한 그 위엄은 후세인의 가슴 속에 깊은 감동을 불러 일으킨다.

화하족은 그후 이천 삼백여년 동안 황하 중상류에 머물러 있을 수 밖에 없었는데 전국시대 말 진시황 때 힘을 길러 중원으로 내려와 터를 잡았다.

배달국은 환웅 천황(거발환 환웅)께서 나라를 안정시키고 정한 나라 이름이다. 수도는 신시요 후에 14세 자오지 환웅(치우 천황) 때 도읍을 청구로 옮기고 서쪽으로 영토를 확장 시켰다.

그리고 18세를 전하니 역년은 1,565년이다.(기원전 3,897~기원전 2,333) 그후 구환족이 관경을 삼한(三韓)으로 나누어 다스리는 천제의 아들(天子)에 의하여 모두 통일되니 이 분이 곧 단군 왕검이시다. 여기서 삼한(三韓)은 세 나라가 아니고 삼한(三汗) 즉 세 임금을 뜻하니 진(辰) 번(番) 막(莫) 세 조선을 통치하는 임금을 이르는 말이다.

4. 배달겨레 동이

가. 동이는 오랑캐가 아니다.

예나 지금이나 중국 역사가와 학자들은 동방 민족을 "동이"라고 불렀다. 동은 무슨 뜻일까? 동(東)은 태양이 떠오르는 광명의 방향이다. 그래서 동은 생명의 탄생 시작을 뜻하고 광명 사상의 발원지를 의미 한다. 동은 주인 주체라는 뜻도 담고 있다.

이(夷)는 몇가지 중요한 의미를 지닌다. 우선 동과 마찬 가지로 동쪽을 뜻하며 동시에 뿌리(抵;저)를 뜻한다. "후한서"에서 동방을 이(夷)라 하는데 이것은 저(抵)이다 라고 하였다. 이에 따르면 동이는 "동방의 뿌리"라는 숭고한 의미가 담긴 말 임을 알 수 있다. 이(夷)는 활을 쏘는 동방 사람을 뜻하기도 한다.

중국 최초의 종합자전이 설문해자(說文解字)에 따르면 동방에 사는 사람을 이(夷)라 불렀는데 이(夷)자는 큰대(大)자와 활궁(弓)자를 합한 글자이다. 여기서 대(大)자는 사람을 뜻하므로 결국 이(夷)자의 모양은 활을 메고 있는 사람을 형상화한 글자이다. 또 이(夷)에는 어질다는 의미가 담겨 있다. 이상의 뜻으로 볼때 이(夷)는 우리가 그동안 알고 있던 오랑케 이(夷)자가 결코 아니다.

이를 종합하면 "동이"는 "동"과 "이"가 합처진 말로 "동방의 뿌리 민족" "동방의 큰 활을 쏘는 민족" "동방의 어진 민족"을 뜻하는 말이다.

역사적으로 볼때 중국인들이 우리 동방 민족을 동이라 부른 것은 치우 천황이 큰 활을 만들어 쏜 이후 부터이다. 때문에 엄밀이 말하면 동이는 배달 동이로 불러야 한다. 지역적으로 볼 때는 발해와 황해를 둘러싼 제하 황하 요하 압록강 대동강 등 마제형(말발굽형)으로 분포되어 있던 주민을 가리키는 것으로 한반도와 만주 중국 동부지역 전체를 일컫고 있다. 그러나 공자가 춘추(春秋)를 지을때 이(夷)라는 명칭을 융 적(戎 狄)과 함께 오랑케 칭호로 썼으니 참으로 안타까운 일이다.

나. 중국 역사를 주도한 동이족

"배달 동이"는 치우 천황의 영토 개척을 계기로 서토 깊숙이 펴져 나가기 시작하였고 그후 고조선 시대에는 중국의 역대 왕조를 이끈 주류가 되었다. 그래서 동북아 창세 역사를 이야기 할 때 빼 놓을 수 없는 것이 바로 "동이"이다.

"중국 사전사화"의 저자인 대만의 역사 학자 쉬랑즈(徐亮之;서량지) 북경 대학의 고고문박학원 옌원밍(嚴文明;엄문명) 교수등 대만과 중국의 학자들도 중국 역사의 주류는 한족(漢族)이 아니라 동이족 이라는 공통의 의견을 내 놓았다.

중국 한족의 시조로 알려진 황제 헌원을 비롯하여 오제로 꼽히는 소호금천 전욱고양 제곡고신 요 순과 그 뒤를 이은 하나라 우임금 상나라 탕임금 주나라 문왕과 무왕까지 모두 동이족 혈통이다.

그리고 주나라 초기 강태공의 제나라 제나라에 이웃한 노나라의 무왕의 동생인 주공의 아들 백금도 동이족 혈통이고 연나라의 소공도 동이족 혈통이다. 주나라가 망한 후 춘추 전국시대의 혼란기에도 동이족 국가가 여럿 출현하였다. 춘추 시대의 오나라와 월나라 그리고 전국 시대를 끝내고 중국을 최초로 통일한 진시황의 선조도 동이족 출신이다.

이렇듯 상고 역사의 초창기에는 동이족이 적어도 이천년 이상이나 중국 문화를 앞질렀으며 동이족이 중국문화 즉 황하 문명을 창조한 주인공 이었다. 한마디로 중국의 고대사는 배달 고조선 민족이 중국 현지에서 나라를 창업한 역사라 할 수 있다.

동이족은 중국의 역대 왕조를 일구었을 뿐만아니라 배달시대 이래 신교(수두교)의 삼신 문화와 여러가지 우수한 문물을 중국에 전수 하였다.

우리나라 5천년 역사 중에서 삼황 오제 시대와 하 상 주 시대의 상고 2천년은 우리나라가 중국에 앞섰고 그후 2천년 동안은 대등하게 다투었고(기원전 1,000년~기원후 1,000년) 그리고 서기 926년 대진국(발해)이 거란(요나라)에 패망한 후 1천년 동안은 약소 민족이 되어 한반도 안으로 내몰리고 말았다. 반도 안으로 쪼그라든 1천년 동안의 역사가 한민족 5천년 전체 역사를 대표 할 수는 없는 것이다. 이렇듯 고대 중국 역사를 일으키고 문화를 발전시킨 동이족 또한 중국 민족을 구성하는 중심 세력 이었던 것이다.

고대 아시아 동부 종족은 우랄어 족과 중국어 족으로 나눌 수 있는데 우랄어 족은 다시 조선족과 흉노족으로 나누며 조선족에는 조선 선비 여진 만주 몽고 퉁구스족 등이고 흉노족은 돌궐 터키 필란드 항가리족 등이다. 그리고 중국어 족은 한족 요족(여족) 묘족 등으로 나눌 수 있다. 지금 중국 남부의 소수 민족으로 남아 있는 묘족은 처음에는 중국의 삼위산족으로 출발하였으나 후에 동방족 성황(치우천황)의 교화를 받아 동방족의 구성원이 되기도 하였다.

5. 인류 창세사를 다시 쓰게한 홍산문화

가. 총 묘 단을 모두 갖춘 제천문화

130년에 걸친 이라크 지역의 유적 발굴을 통하여 서양 문명의 뿌리인 슈메르 문명이 세상에 드러난 것에 필적하는 20세기 동북아 최대의 발굴 사건이 있다. 배달 동이의 문화가 세상에 드러난 요서(요하서쪽 대릉하 지역)의 신석기 청동기 문화 발굴이 그 것이다. 요서의 여러 신석기 문화 가운데 세상의 가장 뜨거운 관심을 끄는 것은 홍산문화이다. 철광석으로 뒤덮여 산 전체가 붉게 보이는 홍산(紅山)에서 이름을 따 명명된 홍산문화는 요령성 조양시 건평현과 능원현의 접경 지역에서 번창했던 석기와 청동기를 썩어 사용한 기원전 4,700년~기원전 2,900년 경에 형성된 문명이다.

홍산문화는 1,979년 요령성 객자현 동산취 촌에서 엄청난 제사유적이 발굴되고 1,983년 그 인근 우하량 촌에서 고대 인류의 정신문화를 가능케한 3요소인 돌무덤(塚;총), 신전(廟;묘), 제단(壇;단)이 발견된 것을 계기로 세계적인 주목을 받게 된 것이다.

우하량의 16개 유적지 가운데 13곳이 적석총 형태의 돌 무덤이다. 적석총은 삼국시대까지 계속 나타나는 동이족의 대표적인 묘제(墓制)로 황하지역의 화하족 문명권에서는 전혀 출토 되지 않았다. 약 5,500년~5,000년 전에 조성된 것으로 확인되는 이 돌무덤의 주인공을 밝힐 수 있는 역사 기록이 바로 환단고기 이며 이에 따르면 그 주인공은 "배달동이"인 것이다.

우하량의 여러 적석총 중에서 특히 주목을 받는 것은 제2지점의 것으로 방형으로 짜여진 대형 무덤과 천신에게 천제를 올리던 원형 3단 구조의 제단을 갖추고 있다. 그 전체구조가 하늘은 둥굴고 땅은 방정하다(네모나다)는 동양의 천원 지방(天圓地方) 사상을 표현한다. 천원 지방 구조는 고조선때 지은 강화도 마리산의 참성단 명나라 때 지은 북경의 환구단 조선말기 고종 황제가 세운 원구단 등의 제천단에서 공통적으로 나타난다.

그러므로 5,500년 전에 배달 동이족이 세운 우하량 제단은 동북아 제천단의 원형인 것이다. 홍산인의 신전은 우하량 제1지점에서 발굴되었으며 신전의 주인공은 여신이었다. 여신묘가 상당히 좁은 것으로 보아 이곳에 들어 갈 수 있는 사람은 극소수 특권층이었을 것으로 추정된다. 이 신전 근처에서 세 여신 상과 함께 홍산인의 토템 신앙을 보여 주는 곰 소조상과 새 소조상이 발굴되었다. 홍산인은 곰과 새(봉)를 신성시 하였던 것이다.

이와 같이 총 묘 단을 모두 갖추고 국가 단계의 복잡한 문명을 일군 홍산문화는 동아시아 신석기 문화의 최고봉으로 중국의 한족 문화와는 계통이 전혀 다른 문화이며 중국 황하문명 태동의 밑거름이 된 배달 동이족의 독자적인 문화인 것이다.

홍산문화는 동이족(배달동이) 문화이고 하가점 하층문화는 고조선 문화라는 것을 중국 학자들도 인정하고 있다. 그들은 신시 배달국을 최고의 신비의 왕국으로 보고 있다.

나. 왜 홍산문화를 알아야 하는가?

홍산문화가 세계인을 가장 놀라게 한 것은 바로 정교하고 다양한 옥(玉) 문화 때문이다. 여러 적석총에서 공통적으로 옥기 부장품이 쏟아져 나왔다. 우하량 제 2지점 21호 묘의 남성 인골은 옥으로 옷을 해 입은듯 무려 20여점의 옥장식이 머리에서 발끝까지 시신을 치장하고 있다.

부장품으로 옥기를 사용한 것은 옥이 변하지 않는 보석으로 영생 불멸을 뜻하고 하느님의 신성을 상징하기 때문이다. 홍산인들은 옥을 고귀한 신분을 나타내는 장신구 신과 소통하는 신물

천제에 사용하는 제기 등의 소재로 사용하였다.

홍산문화 유물인 옥기 중에 배달과 고조선의 실재 역사임을 증명하는 것이있다. 우하량 제16지점에서 발굴된 옥검(玉劍)과 내몽골 나만기 유적에서 출토된 옥으로 만든 도장인 옥인장(玉印章)등이 그것이다.

옥검은 놀랍게도 고조선의 비파형 동검과 똑같은 양식을 띠고 있다. 한민족의 독특한 양식인 비파 모양의 칼이 고조선 시대에 갑자기 생겨난 것이 아니라 그 이전 배달시대에 개발된 것임을 알 수 있다.

옥인장은 정치적 권위를 상징하는 유물로 기원전 4,700년에서 기원전 2,900년 사이에 번성한 홍산문화 유적지에서 발굴되었다. 때문에 중국에서는 이 옥인장을 가장 오래된 도장이라 하여 "중화민족 제일인"(中華民族 第一印)으로 규정하였지만 이는 중화주의에서 나온 근거 없는 주장일 따름이다.

옥의 재질이나 그 양식을 볼때 옥인장은 배달의 유물이다.

이발굴은 삼국유사와 삼성기에서 전하는 환국의 마지막 환인천제(7세 지위리 환인)가 동방 역사 개창을 위하여 떠나는 배달의 환웅 천황에게 종통의 상징으로 천부인(天符印)을 전수 하였다는 기록을 역사적 사실로 뒷 받침 하는 것이다. 옥인장이 홍산문화 말기의 유물이라 하더라도 최소한 5천년 전부터 배달 동이족은 도장 문화를 발전 시켰던 것이다.

유물과 유적이 대부분 사상 처음이고 인류사 최고(最古;가장 오래됨)인 홍산문화를 중국은 황하 문명의 원류로 규정하지만 황하 문명보다 적어도 2천년 이상 앞선 황하 문명의 원뿌리가 그들이 오랑케의 땅이라고 치부하던 만리장성 이북에서 발견된 점이 중국을 곤혹스럽게 만들었다. 한마디로 홍산문화는 황하문명의 원류이자 동방 배달의 동이족 문화인 것이다.

중국은 이 난처함을 다민족 역사관과 동북공정으로 해결하고 있다. 한족(漢族)과 55개 소수민족으로 이루어진 중국 땅에서 발견되는 소수민족의 역사와 문화는 모두가 중국의 것이라고 주장하면서 동북공정을 실시하여 배달 동이족이 주도한 동북아의 고대사를 중국역사로 둔갑 시키고 있는 것이다.

중국 정부는 홍산문화를 황하문명의 뿌리라 하여 자국 문화로 둔갑시켰지만 심정적으로는 동방 한민족의 문화라는 것을 알고 있고 중국인들도 홍산문화는 동이의 역사라는 것을 인정하고 있기 때문에 2천년대 후반 우하량을 관통하는 4차선 도로를 놓아 유적지를 덮어 은폐 하였다. 홍산문화가 밝혀 질수록 중국이 동북공정을 진행시키는데 불리하기 때문에 의도적으로 유적지를 파괴한 것이다.

그러는 한편 중국은 "홍산문화"를 "요하문명"이란 이름으로 전세계에 소개하여 중국을 이집트 메소포타미아 인더스 문명보다 앞서는 세계 최고(最古;가장 오래됨) 문명국을 내 세우고 있다.

상황이 이러한 데도 환 단 시대를 인정하지 않는 한국의 강단사학자들은 홍산문화에 대하여 침묵하거나 아예 우리 역사와는 관계가 없는 것으로 부정하고 있다. 하지만 이제는 우리 모두가 거짓 역사의 미몽에서 깨어나 세계에서 가장 오래된 문명의 주인공인 한 민족의 잃어 버린 시원 역사와 문화를 되 찾아야 할 때이다.

한국 상고사 실체

제2장 고조선(삼한)

기원전 2,333년에 신인(神人) 왕검이 불함산(하얼빈의 완달산)의 박달나무 우거진 터에 내려 오셨다.

왕검께서는 지극히 신성한 덕성과 성인의 인자함을 겸하시고 능히 선대의 환인 환웅 성조의 법을이어 받고 하늘의 뜻을 받들어 인륜의 푯대를 세우시니 그 공덕이 높고 커서 찬란히 빛났다.

이에 구환(九桓)의 백성이 모두 기뻐하고 진실로 복종하여 천제의 화신으로 추대하여 임금으로 옹립하니 이 분이 바로 단군 왕검이시다.

왕검(王儉)을 이두문의 독법으로 해독하면 임검(壬儉)이 되는데 후예들이 임검(임금)을 잘못 기록하여 왕검이 되었다.

왕검께서는 신시 배달국의 옛 법도를 되살리고 아사달(밝고 환한 땅;단군왕검이 머무르는 도성;흑룡강성 하얼빈)에 도읍을 정하고 나라를 여시니 그 이름을 조선(朝鮮;아침이 밝아오는곳;여명;광명)이라 하였다.

여기서 고조선 삼한이라는 말은 고조선을 다스리는 세 분 임금을 뜻하는 것으로 진조선을 다스리는 왕을 진한 번조선을 다스리는 왕을 번한 막조선(말조선)을 다스리는 왕을 마한이라고 한다. 한(韓)은 한(汗)과 같은 의미이다.

왕검께서는 현묘한 도(한민족의 시원 종교인 수두교 즉 신교)를 깨우쳐 뭇백성을 교화하고 함이 없이 세상의 질서를 바로 잡아 다스리 셨다.

1. 단군세기(진조선:진한)

***국조 단군왕검:재위 93년**(원년;무진년;BC 2,333년)

왕검의 아버지는 단웅(배달국 18세 거불단 환웅)이요 어머니는 웅씨왕(대읍국왕)의 따님이시다.

신묘년(신시개천 1,528년, BC 2,370년) 5월 2일 박달나무 우거진 숲에서 태어 나시니 신인의 덕이 있어 원근 사람들이 모두 경외하여 따랐다.

2,300년전 "장자"는 "우연훈"에서 단군왕검을 신인(神人)으로 기록하였는데 700년전 "일연"은 "삼국유사"에서 곰의 아들로 기록하여 놓았다.

14세 되던 갑진년(신시개천 1,541년, BC 2,357년)에 웅씨왕이 그 신성 함을 듣고 비왕(裨王)으로 천거하여 대읍국(大邑國;웅씨국)의 국사를 다스리게 되었다.

무진 당요(唐堯;요임금 25년) 때에 단국(대읍국;웅씨국)에서 돌아와 아사달의 박달나무 우거진 터에 이르니 온 나라의 백성이 천제의 아들(天子)로 추대 하였다. 구환족을 모두 합쳐 하나로 통일하고 신성한 덕화가 멀리까지 미치니 이분이 단군왕검(檀君王儉)이시다.

단군왕검께서는 대읍국(웅씨국)의 비왕으로 24년 조선의 제왕으로 93년 동안 재위 하셨고 그 세수는 130세 였다.

단군왕검(단군은 제사장 왕검은 국가를 통치하는 군주)의 재위 원년은 무진년(신시개천 1,565년, 단기원년, BC 2,333년)이다. 무진년은 초대 단군왕검이 38세 되는 해로 당나라 요임금 25년(BC 2,333년)이다.

중국 정사에서는 당요 즉위 원년을 갑진년(BC 2,357년)으로 통용해 오고 있으며 이 갑진년은 단군왕검이 웅씨국(대읍국)의 비왕으로 봉해진 해이기 때문에 조선을 개척한 것이 당요와 같은 때라고 한 것도 맞는 말이다.

배달 신씨개천 1,565년(단기원년, BC 2,333년) 음력 10월 3일에 신인 왕검께서 오가(五加)의 우두머리로서 무리 800명을 거느리고 단목터에 와서 백성과 더불어 천신(하느님 삼신상제)께 제사를 지내고 나라 세움을 고하였다. 그리고 조칙을 내려 오조지교(五條之敎;정종 애민 존현 경노 임능)와 8대 강령을 설(說) 하였다.

- 8대 강령 -

제 1 조 하늘의 법도는 오직 하나이니 일심을 가져라

제 2 조 사람의 마음도 하나이니 다른 사람의 마음도 생각하라
제 3 조 부모님을 공경해야 하느님을 경배 할 수 있다.
제 4 조 남여가 잘 조화하여 질투하지 말고 음행하지 마라
제 5 조 서로 사랑하며 헐뜯지 마라
제 6 조 서로 양보하고 빼앗지 말며 도적질하지 마라
제 7 조 사납고 성급히 행하여 성품을 해하지 마라
제 8 조 사특한 생각을 품지말고 하늘을 공경하고 서로 사랑하라

- 황후와 주요 신하들 -

이때 단군왕검께서 어명을 내려 팽우(彭虞)에게 토지를 개간 하게하고 성조(成造)에게 궁궐을 짓게하고 신지(臣智)에게 글자를 만들게 하였다. 기성(奇省)에게 의약을 베풀게 하고 나을(那乙)에게는 호적을 관리하게 하며 희(羲)에게 괴서(卦筮)를 주관하게 하고 우(尤)에게 병마를 담당하게 하였다.

비서갑(하얼빈;옛 이름은 부여이다)에 사는 하백(물을 다스리는 제후;여기서는 팽우)의 따님을 맞이하여 황후로 삼고 누에치기를 맡게 하시니 백성들을 사랑하는 어질고 후덕한 정치가 사방에 미쳐 천하가 태평하였다. 뽕나무는 동이족의 신목이었으며 신석기시대에 이미 방적이 성행하였다.

재위 50년 정사년(단기 50년, BC 2,284년)에 홍수가 범람하여 백성이 편히 살 수가 없었다. 임금께서 풍백(風伯) 팽우에게 명하여

물을 다스리게 하고 높은 산과 큰 하천을 잘 정리하여 백성이 편안히 거치하게 하였다. 우수주(牛首州;송화강 남쪽 길림성 지역)에 이 내용을 기록한 비(碑)가 남아 있다.

재위 51년 무오년(단기 51년, BC 2,283년)에 왕검께서 운사(雲師) 배 달신에게 명하여 혈구(강화도)에 삼랑성(현 정족산성;단군의 세 아들이 축성하였다고 잘못 전해오고 있습)을 쌓게하고 마리산에 제천단(祭天壇)을 건설하게 하니 지금의 참성단(천신 즉 하느님께 천제를 올리는 장소)이 그것이다.

재위 67년 갑술년(단기 67년, BC 2,267년)에 왕검께서 태자 부루(夫婁)를 보내 우순(虞舜;순임금)이 보낸 사공(司空) 우(禹)와 도산(절강성 회계산)에서 만나게 하였다.

당시 중국은 요임금 말엽부터 순임금 때까지 9년 홍수(홍수는 실재 22년간 계속되었고 치수기간이 9년으로 중국은 이때 무려 31년 간이나 물난리를 겪음)로 인하여 양자강 등이 범람하여 큰 위기에 빠져 있었다. 이에 순임금이 고조선의 단군왕검에게 홍수를 다스려 백성을 구해 주시기를 청원하였던 것이다(순의 아버지 고수씨는 단군왕검의 신하 고시씨의 동생이었으므로 순은 큰 아버지 즉 대사농의 지위에 있던 고시씨와 왕래를 통하여 단군왕검의 조정에 구원을 청 할 수 있었습)

이때 사공우는 자하선인을 통하여 부루 태자를 뵙기를 청하였는데 태자께서 오행의 원리로 물을 다스리는 법(오행치수법)을 사공 우에게 전하고(사공 우는 이를 취하여 씀으로써 치수에서 공을 세움) 나라의 경계를 살펴서 정하니 유주(幽州;하북성과 하남성 경계지역)와 영주(營州;산동성 북부지역) 두 주가 우리 영토에 귀속되고 회수와 태산지역의 제후들을 평정하여 분조(分朝;중앙정부에서 멀리 떨어져 직접통치가 어려운 지역을 제후가 통치권을 위임 받아 다스리는 곳)를 두어 다스릴때 우순(순임금;단군조선의 제후였음)을 시켜 그일을 감독하게 하였다.

이때 감우소(監虞所;우순을 감독하는 관청)를 낭야성(琅耶城)에 설치하여 구려분정(九黎分政)에서 논의된 일을 결정하였다.

낭야 및 도산 위치도

낭야성은 번조선(번한)의 2세왕 낭야가 쌓은 성으로 산동성 제성현 동남에 있으며 원명은 가한성(可汗城)이다.

낭야성은 오늘날 산동성 하남성 안휘성 강소성 절강성 일대에 진출하여 살던 동이 조선족을 나누어 다스리던 단군조선 분조의 수도 였다.

서경에 이른바 순(舜) 임금이 동쪽으로 순행하여 멀리 동쪽을 바라보며 제사를 지내고 동방천자를 알현 하였다라고 한 구절은 바로 이것을 말하는 것이다.

단군 조선은 천제(天帝)의 아들 (天子)이 다스리므로 5년에 한 번씩 왕검께서 낭야를 순행하였으니 순임금은 조선의 제후 였으므로 단군조선에 조근한 것이 네번이었다.

- 태평시대의 모습과 단군왕검의 어천 -

재위 93년 경자년(단기 93년, BC 2,241년)에 임금께서 버드나무로 지은 궁궐에 머무실 때 흙계단이 저절로 이루어지고 풀이 우거졌으나 베지 않았고 박달나무가 무성한 그늘 밑에서 곰과 호랑이와 노닐고 소와 양이 풀을 뜯는 평화로운 관경을 바라 보았다.

도랑을 파고 밭 길을 내며 농사 짓기와 누에 치기를 권장하고 고기 잡이와 사냥을 익히게 하였다. 백성에게 남아 도는 물자가 있으면 나라 살림에 보태어 쓰게 하였다.

10월 상달에 나라에 큰 제전을 열어 하늘에 제사 지내고(上月祭天;상월제천) 온 백성이 진실로 밝은 모습을 즐거워 하였다.

이로부터 단군왕검의 덕화(德化)가 온누리를 덮어 탐랑(耽浪;제주도)까지 미쳤고 성덕(聖德)의 가르침은 점차 위세를 얻어 널리 퍼져 나갔다.

이에 앞서 왕검께서는 천하의 땅을 일정한 지역으로 경계를 정하여 삼한(三韓;진한 번한 마한)으로 나누어 다스릴 때 진한(진조선;요동과 만주지역;고조선의 중심세력)은 단군왕검이 제사장겸 정치상의 원수가 되어 직접 다스리고(해씨성) 번한(번조선;요서및 하북 산동성 지역)과 마한(말조선;막조선;한반도 지역)은 부단군(비왕;좌현왕 우현왕)을 두고 그들로 하여금 위임하여 다스리게 하였는데 이를 두고 "삼한 관경제"라 하였다.

또 삼 경(三京)을 두고 세 분왕(三汗)이 나누어 주재하면서(주재지를 서로 바꾸어 있을 때도 있었슴) 오가(五加;돗가 개가 소가 말가 신가)를 두어 전국을 오부로 나누어 다스렸다.

이들은 지방장관이 되었는데 신가는 다섯 가의 우두 머리로 전시에는 신가가 중군 대원수가 되고 나머지 네가는 전 후 좌 우의 네 원수가 되어 출전하였다. 이것은 윷판의 출진도와 같고 북두칠성이 북극성을 도는 모습과 같다.

돗(猪;저) 개(犬;견) 소(牛;우) 말(馬;마) 등 가축류로 전 후 좌 우의 방위의 이름으로 삼고 동시에 이로써 관직명을 삼은 것은 이때 이미 농경과 목축을 하고 있었음을 의미하는 증좌가 되는 것이다.

초대 번조선 왕(부단군;우현왕)에는 치우의 후손인 치두남을 임명하여 우순의 정치를 감독하게 하였다.

또 초대 막조선(말조선)왕 (부단군;좌현왕)에는 웅백다(한씨성)를 임명하였다. 그리고 삼한에는 단군 부단군 밑에 대소의 분봉 제후가 있는 성읍제 국가의 연합체 였고 모두 오가(五加) 64족(族)이 있었다.

지금까지의 사서에서는 삼조선(삼한) 분립 사실이 빠졌을 뿐만 아니라 삼조선이라는 명사까지도 단군조선 기자조선 위만조선의 세 왕대로 잘못이해 되었다.

그렇다면 삼조선 분립의 사적(史的) 자료는 무엇에 근거하여 진조선 번조선 막조선으로 구분하는가 하는 것인데 사마천의 사기(史記)조선전에는 위만이 차지한 번조선 만을 조선이라 쓰고 진조선은 동호(東胡)라 칭하여 사기흉노전에 넣어 놓았으니 사기조선전과 흉노전에서 취하여 쓰고 막조선은 중국에서 멀리 떨어져 있어 중국사의 붓끝에 오른적이 적으나 마한 백제의 선대(先代)는 곧 막조선(말조선) 말엽의 왕조이니 이로써 삼조선(삼한)이 나뉘어 갈라진 역상의 대강은 알 수 있다.

고조선 국가 운영의 원리인 "삼한 관경제"는 고조선 역사 왜곡의 최대의 핵심 문제로서 한 민족의 뿌리문화(삼신 세계관)와 정통성을 바로잡는 가장 중요한 일이다.

고조선 문화의 바탕은 환국과 배달국으로 부터 내려온 신교(수도교)의 삼신사상이다. 고대 한 민족이 가졌던 문화사상의 총 결정체인 신교 (수두교)의 삼신 사상은 정치 경제 종교 풍속 지리를 제대로 파악하고 당시 동북아의 국제관계를 이해하는 또 하나의 핵심 열쇠이다.

수두란 소도제천 행사때 신단(수두)에 제사지내는 사람(제사장;천군)을 뽑아서 신단의 중앙에 앉히고 하느님 또는 천신이라 부르고 숭배하였는데 이것이 이른바 수두교이다. 이 수두의 제사장이 신(하느님, 삼신상제)과 백성을 이어 주는 중매자였다.

수두교는 환국시대 이래로 우리 조상들의 생활 문화이면서 한민족 혼의 고향인 동시에 인류문화의 모태이고 인류의 시원 종교이다. 이 시원 종교가 인류의 4대 문명권에 두루 전파되어 그 자취들을 남겨 놓았다. 즉 수두교에서 유 불 선 기독교가 태동하여 갈라져 나가게 된 것이다.

이해(단기 93년, BC 2,241년) 3월 15일 단군왕검께서 봉정(逢亭)에서 붕어하시니 교외 십리 되는 곳에 장사 지냈다.

모든 백성이 부모를 잃은듯 슬퍼하였고 단기(檀祈;댕기;초대 단군왕검을 추모하여 붉은 천으로 머리 카락을 묶어 받든 조기)를 받들고 아침저녁으로 모여 앉아 경배하며 항상 단군왕검의 덕을 가슴에 품고 잊지 않았다. 태자 부루가 즉위 하였다.

◇중국의 요 순 임금과 하 상 주 3왕조와 고조선과의 관계◇

『단군왕검과 중국의 요(堯) 임금은 같은 시대의 성인이며 같은 해에 제위에 오른 분이다(BC 2,333년)

요(唐堯;당요) 임금은 제곡 고신의 아들로 황제헌원의 고손자이다. 제곡은 환웅천황의 제후왕인 우리 신성족 이기후의 딸 경도를 후궁으로 맞아 들여서 얻은 아들이 "요"이다.

제곡은 장자 "지"에게는 고신땅과 제위를 물려주고 "요"에게는 도(하남성 도하;지금의 낙양부근) 땅과 제후를 봉하여 주었다.

그러나 요임금은 형(배다른 형)인 "지"가 황음하여 민심을 잃자 무력으로 형을 폐위시키고 자신의 등극을 반대한 제후와 무고한 백성을 무참히 살해하여 피로 물들였다.

그런 연후에 동이의 군장 "예"의 도움으로 제위에 올랐다(요의 나이 16세때)

산해경에는 단군왕검께서 "예"에게 동궁(붉은 색칠을 한 활로 임금이 사용하는 것)과 소중(흰화살)을 하사하고 하늘 아래 모든 나라를 도와 주라 명하시니 "예"가 이때부터 이땅의 많은 어려움을 물리쳤다 라고 하였다.

뒤에 준후(부우;단군왕검의 둘째 아들)가 "예"에게 하나라와 가까운 유궁국을 봉해 주었는데 예의 후손들이 400년 동안 하나라를 감국하였다.

그러나 천하를 무력으로 얻은 요임금은 덕이 날로 쇠하여 분란이 끊이지 않았다.

이에 단군왕검께서 당시 요임금의 조정에서 벼슬을 하고 있던 순(舜;유우씨 라고도하며 이름은 중화이고 고수씨의 아들이다)에게 땅을 나누어 다스리도록 명하였다. 순의 아버지 고수씨는 단군왕검의 신하 고시씨의 동생이다.

그리고 병력을 파견하여 주둔시키고 요임금을 공격하려 하였다.

이에 요임금이 망국의 위기에 처하게 되자 신하들의 반대를 무릅쓰고 아들 단주를 제쳐두고 우리동이의 맥족인 순에게 섭정을 맏겼다가 왕위를 물려주고 두 딸(아황과 여영)을 순에게 시집보내어 사위로 삼고 그에 의지하여 목숨 보존을 도모하였다.

이때 요임금은 중화족을 동이족과 분리하여 대결을 유도하는 정책을 펼쳤는데 이는 요임금의 고조부인 황제헌원과 배달국의 치우천황과의 탁록대전이후 부터 계속되어 왔던 정책이었다.

그런데 요임금의 아들 단주는 중화족과 동이족이 원래는 한뿌리에서 나온 동족이므로 대결보다는 대동세계 건설을 열망하는 등 아버지 요임금과는 정치적 견해가 달랐다고 한다.

순은 동이족의 유력한 실력자로서 고조선의 국력을 바탕으로 하여 왕위에 오른 것이다. 순임금은 설 고요 후직 백익 등 동이의 우수한 인물을 등용하고 문물제도를 더하고 형벌제도를 도입하여 이를 정비하였다.

또 순임금은 요의 신하인 공공 환두 곤을 귀양보내거나 죽였다.

설은 뒷날 상(은)의 시조가 된 사람으로 단군왕검의 둘째 아들인 부우의 아들 현구행인과 간적사이에서 태어 났으므로 촌수로는 단군왕검의 증손자가 된다.

고요는 회수유역에 있던 치우천황의 후손인 종오국 방상왕의 아들이고 또 후직(기)은 제곡과 후궁 강원(진방 즉 동방 오부 맥족중 우양족인 신농의 후손임) 사이에서 태어난 아들로 후직의 15세 손이 주나라를 건국한 문왕이다.

그리고 백익은 "예"의 신하 장수 "능금"의 아들로 단군왕검이 여러 하국을 돕도록 예에게 딸려보낸 사람이다.

요임금은 이때 제위를 순에게 물려주고 천하를 주유하다가 고조선의 막고야 신인(단군왕검)을 만나고 온 다음 그의 인품과 무위의 조화로서 천하를 다스리는 신이한 능력에 놀라 멍하니 얼이 빠져 한동안 천하의 일을 잊어 버렸다 라고 장자에서 전한다. 그리고 요임금은 말년에는 순임금에 의하여 감옥생활을 하게 된다.

기존 역사서에서 요 순 선양과 요 순 태평성대라고 하는 것은 서방 한족(漢族)의 무력함을 감추기 위해 빼앗긴 것을 선양으로 또 전쟁으로 점철된 것을 태평성대로 미화한 것일 뿐이다.

이와 같이 중국의 역사 개창기에 요임금은 아들 단주를 제쳐두고 동이의 유력자인 순에게 제위를 물려주었다.

이를 두고 중국의 역사 학자들은 요 순 선양이라 하고 이로 인하여 태평성대를 이루었다고 두고 두고 역사의 자랑거리로 삼고 있는 것이다.

그런데 우리나라의 경우는 어떠한가? 여기서 잠깐 이야기를 한번 돌려 본다.

비근한 예로 이성계가 고려의 마지막임금인 공양왕으로부터 왕위를 선양받아 조선을 건국한 사실을 두고 우리의 역사학자들은 고려를 중흥시키지 아니하고 역성혁명을 일으켜 왕조를 바꾼 사실을 두고 이성계에 대하여 아주 혹평을 서슴치 않고 있는 것이 사실이다.

거기에 반하여 왕건이 고려를 건국한 것에 대하여는 후삼국을 통일한 훌륭한 임금으로 평가하고 있다.

왕건이 후삼국을 통일하기 위하여 후백제의 견훤과 수십년간 피나는 전쟁을 벌인 사실을 간과하고 있는 것이다.

수십년간의 전쟁으로 인하여 헤아릴 수 없는 인명의 살상과 재산상의 피해가 얼마나 극심하였을 지는 불을 보듯 뻔한데도 말이다.

이렇게 놓고 볼때 이성계의 피를 흘리지 않은 역성혁명으로 조선을 건국한 것은 일반 민중의 입장에서는 전쟁으로 인한 고통도 당하지 않았을 뿐만아니라 오히려 새나라 건국으로 인한 희망을 가지게 하였으니 우리가 지금까지 가지고 있던 편견에서 벗어나 역사를 다시 평가해 보아야 할 부분이 있는 것이다.

중국에 있어서 한 나라의 왕조역사는 초기 하 상 주 3왕조의 5백년 내외 정도를 제외하고는 길어야 3백년을 넘지 못하고 2백년을 넘긴 왕조도 당 명 청 등 손에 꼽을 정도로 부침이 심하였다.

반면 우리나라는 고조선은 이천년 이상을 고구려 백제 신라 고려 조선 등은 최소한 5백년 이상 일천년 가까이 긴기간에 걸쳐 한 나라의 왕조가 유지 번성 하였던 것이다.

이성계가 이때에 이르러 민중의 신망을 잃어 쓰러져 가는 고려왕조를 이어 받아 무혈로 조선을 건국한 사실을 두고는 역사에 보기드문 영걸로 볼 수는 있을 지언정 역성혁명을 일으킨 불의한 사람이라고 혹평 할 수 만은 없는 것이다. 그리고 한 나라의 흥망은 인간의 의지 위에 하늘의 뜻도 담겨 있기 때문이기도 하다.

내가 읽어 본 책 맹자(중국의 사서 오경중 사서의 하나임)에도 백성(민중)의 신망을 잃은 왕조나 정권은 그 국민이 보호해야 할 가치나 이유가 없다고 쓰여져 있었던 것으로 기억이 된다. 그리고 일반 백성(민중)은 왕조가 왕씨 왕조이건 이씨 왕조이건 별 관심이 없는데 다만 위정자들의 이해득실에 따라 각기 다른 제단이 있을 뿐인 것이다. 따라서 이렇게 볼때 우리 나라의 사학계도 이제는 이성계의 조선 건국에 대한 역사적 평가도 시대사조에 맞게 다시 논해야 할 때가 아닌가 하는 생각이 들기도 한다.

왕위에 오른 순임금은 처음에는 고조선에 대하여 신하의 예의를 갖추고 동방의 문물(정전법 도량형 법률제도 등)과 예악을 장려하고 신교를 행하여 삼신사상을 전파하였으며 도산에서 받은 오행치수의 신서를 "홍범구주"라 하여 신봉하였다.

또 중국인들에게 인(仁) 의(義)를 가르쳐 이(夷)와 하(夏)의 구별을 없게 하였으나 후에 요(堯)의 부추김을 받으면서 태도가 달라져 무거운 형벌제도를 만들고 정책에 반발하는 세력을 강압 통치로 박해하였다.

무력과 형벌로 백성을 다스린 순(舜)의 강압적인 통치방식은 그의 권력기반을 허물어 버렸다.

민심은 자연스럽게 단군왕검의 부루 태자로 부터 치수법을 전수 받아 9년 홍수를 성공적으로 다스린 사공 우(司空 禹)에게로 옮겨가기 시작하였다. 순임금은 재위 50년 되던해에 단주옹립 세력이었던 삼묘족을 공격하기 위하여 남쪽을 순행하다가 창오의

들녘에서 우(禹)가 보낸 장사 "경진"에게 죽임을 당하게 되고 두 왕비(아황과 여영)도 소상강에 투신하여 자결하고 천하는 우(禹)에게 돌아 갔다. 이로서 "우"는 아버지 "곤 "을 죽인 순임금에 대하여 아버지의 원수를 갚은 것이다.

이때 순의 나이는 110세 우의 나이는 87세 였는데 더이상 순에게 선위를 기다릴 수 없게 되어 우(禹)는 장사 경진을 고용하여 순을 죽이게 되는데 이로서 요 순이 130년간 다스리다 황토인(서토인)인 우(禹)에게 정권이 넘어가게 되었다.

고조선의 도움으로 보위에 오른 순임금은 9년 동안의 물 난리 또한 고조선의 도움으로 무사히 해결하였다.

이때 순임금의 신하로 고조선의 부루 태자에게 오행 치수법을 전수 받아 홍수를 해결한 실무자인 "사공 우"는 이일로 백성들의 인심을 얻어 하나라를 열 수 있었던 것이다.

이에 앞서 순임금은 우(禹)에게 아버지 곤(9년 홍수에서 물을 다스리지 못하여 순에게 죽임을 당함)을 대신하여 홍수를 관리하도록 사공(司空) 벼슬에 임명하였고 사공 우는 마침내 아버지가 하지 못하였던 9년 홍수에서 치수를 성공적으로 관리하게 되어 그 공을 인정하여 하(夏) 땅을 하사한바 있다. 우의 아버지 곤은 진방 5부 맥족 중 백족인 전욱 고양의 아들이다.

우임금은 조선에서 파견한 백익(우를 도와 치수에 지대한 공헌를 함)과 설(백성들을 어질게 교화함)에 대하여 순임금 때의 공은 생각하지 아니하고 조정에서 몰아내고 황토인(서토인)들의 자립을 도모하므로 부루단군은 이들을 임검성(임금이 계신 왕검성)으로 불러 들이고 설에게는 박땅(산동성 하택현;후일 상나라의 터전이 됨)을 봉지로 백익에게는 번땅(하남성 고안현)을 봉지로 주었다.

이때 하나라 우임금은 조선이 순임금을 죽인 것을 알고 정벌 해올 것을 두려워하여 부루단군에게 표문을 올려 도성을 안읍으로 옮기고 제위를 백익에게 넘겨 주겠다고 하였는데 이때 고시씨의 아들로 아버지의 뒤를 이어 대사농으로 있던 선권왕은 종제(순임금)의 원수를 갚겠다고 하나라 정벌을 주장하였으나 재상 대아밀(대련의 후예)이 반대하고 또 동무는 하나라에 가까운 유궁국(예의 후손국)에 명하여 "백익"을 지키게 하고 람국(종오국)에 명하여 "설"을 지키게 하자고 하였으나 하 우가 죽은후 황토인들이 "백익"을 따르지 않고 우의 아들"계"를 따를 경우 백익과 설을 보호하기가 어려울것 같아 단군왕검의 넷째아들 부여씨의 의견을 따라 이들을 임금성으로 불러 들이고 박땅과 번땅을 하사하게 된 것이다.

이렇게 하여 우(禹)가 하(夏) 나라를 건국하여 450년간 유지되었는데 개국시조부터 마지막 군주에 이르기 까지 내내 고조선을 상국으로 섬겼다.

설(契)의 상(商) 나라는 640년 동안 유지된 동이족이 세운 나라이고 상나라의 궁전 성벽 무덤 등은 모두 동북방을 향하고 있고 고조선을 존숭하였다.

고조선 13세 흘달단군 16년(BC 1,767년)에 상(은) 나라가 하나라를 공격하자 하나라 걸(桀)왕이 고조선에 구원을 요청하였다.

이에 임금께서 읍차 말량에게 구환(九桓)의 병사를 이끌고 하나라를 돕게 하였다. 이에 상나라 탕왕(설의 14세손)이 고조선에 사신을 보내 사죄하므로 임금께서 군사를 돌리라고 명하였다.

이때 하나라 걸왕이 약속을 어기고 군사를 보내 조선군사의 길을 막고 조선과의 맹약을 깨뜨리려 하였다. 그리하여 임금께서 마침내 상(은)나라 탕왕과 함께 하나라 걸왕을 치는 한편 은밀히 신지 우량을 보내 견군(견이의 군사)을 이끌고 낙랑홀(조선의 제후국으로 북경서쪽 영정하 즉 습수지역에 있었슴) 군사와 함께 관중의 빈(섬서성 순읍현)과 기(섬서성 기산현) 땅을 점령하여 군사를 주둔시키고 관청을 설치하여 다스리니 이로서 하나라가 멸망하게 되었다.

전한 때 "유향"이 쓴 "설원"에 하 상 두나라 간의 패권 싸움에서 성패의 관건을 쥐고 있던 구이(단군조선)의 강력한 영향력이 있었다 라는 기록이 있다.

상나라 탕임금은 천하를 통일한 후 옛성현들의 후예와 유공자들을 고죽등 각나라에 봉하였다.이때 상나라의 명재상으로 이윤(伊尹)이 있었는데 그는 동이인으로 유위자(11세 도해단군 때 태자의 스승) 선인에게서 신교 문화를 전수 받은바 있다.

주(周) 나라의 건국자 문왕은 서주에서 출생하여 필영에서 죽었으며 서이(西夷) 사람이다 라고 맹자에서 전하고 있다.

주나라의 조상 고공단보(문왕의 조부)가 거주하던 관중의 빈 기(고공단보는 빈에 살다 13세 흘달단군때 기로 쫓겨갔슴) 땅은 22세 색불루단군이 여파달로 하여금 여(黎)국을 세우고 통치케 하였던 곳이었다.

주나라는 기원전 11세기경 황하 중류의 위수분지에서 상(은) 나라의 속국으로 있었는데 2세 무왕(건국자 문왕의 아들) 때에 상나라의 폭군이었던 주(紂)왕을 몰아내고(이때 주왕은 미녀 달기에게 빠져 숙부 비간의 충간을 듣지 않고 오히려 그를 죽였으며 주나라 무왕이 4만 5천의 군사로 상나라 70만 군사를 물리침) 상나라를 멸망시켰으며(BC 1,122년) 그 3년 뒤인 BC 1,120년 고조선 25세 솔라단군때 주무왕은 당시 상나라 3현(三賢)중 한사람이고 왕도정치에 관한 연구가 깊었던 기자에게"홍범구주"의 가르침을 받고 기자(箕子)를 조선후에 봉하였으나 기자는 주무왕이 상의 국교인 수두교의 삼신사상을부정하고 또 제후국이던 주나라가 상국(上國)인 상(은) 나라를 범하였으므로 이는 도리(仁)가 아니다라고 강설한 후 무왕을 피하여 조국을 버리고 주나라의 관경안을 떠나 해외인 하북성 태항산 서쪽부근(현 산서성소재)의 수두교의 본향인 조선땅으로 이주하여 버렸다. 그리하여 신하로는 삼지 못하였다. 하북성 태항산 부근은 당시 주나라와는 무관한 고조선(번조선) 영토였기 때문에 애초부터 기자를 제후로 봉 할 수도 없었고 신하로 삼을 수도 없었다.

주무왕은 동이족 출신 재상인 강태공(여상)의 절대적인 도움으로 나라의 기틀을 다졌고 그에 대한 보답으로 제나라(산동성부근)를 분봉하여 주었다.

또 무왕의 동생 주공을 노나라에 봉하고 소공을 연나라에 봉하여 동이족 출신으로 동이족을 다스리게 하는 소위 이이제이

(以夷制夷) 전략을 채택하였다.

550년 동안 중원을지배한(실재 지배는 300년 정도이고 그 후는 춘추시대로 접어 들었슴) 주나라 때에도 고조선에 조공을 바치는 등 중국의 요 순 임금으로 부터 하 상 주 3 왕조에 이르기 까지는 건국시부터 동북아의 천자국인 배달과 고조선의 정치적 지배를 받았던 것이다.

이렇듯 중국의 고대사는 바로 우리 배달과 고조선 민족이 직접 중국현지에서 나라를 세운 창업의 역사이다.』

***2세 부루단군;재위 58년**(원년;신축년;단기 94년, BC 2,240년)

임금께서는 어질고 복이 많아 재물을 많이 쌓아 큰 부를 누렸다. 백성과 더불어 산업을 다스리니 굶주리거나 추위에 떠는 사람이 없었다. 매년 봄 가을에 나라 안을 순행하여 살피고 상벌을 신중히 하였다.

도랑을 파고 농업과 양잠을 권장하며 학당을 지어 학문을 권장하니 문화가 크게 진보하고 그 명성이 나날이 퍼져 나갔다.

초기에 우순(虞舜;순임금;단군 조선의 제후)이 유주(幽州;하북성 하남성 경계지역)와 영주(營州;산동성 지역)를 람국(籃國;종오국;단군조선의 제후국으로 동이구족 가운데 치우의 후손인 람이가 세운나라;하북성과 하남성에 걸쳐 있었슴) 근처에 설치하므로 임금께서 군사를 보내 이들(유주 영주)을 정벌하여 그곳 왕을 쫓아 내고 동무(東武)와 도라(道羅)를 그곳의 제후로 봉하여 공을 표창하였다.

- 배달과 단군조선 시대의 제천가(祭天歌) -

신시개천 이래로 매년 하늘에 제사 지낼 때 나라에 큰 축제를 열어 모두 천신(天神;하느님)을 찬양하는 노래를 부르며 화합하였다.

어아(於阿)를 음악으로 삼고 감사함을 근본으로 하여 하늘의 신명과 인간을 조화시키니 사방에서 이를 본 받았다.

이것이 참전계(參佺戒;참된 인간이 되게하는 계율)가 되는데 대조신(大祖神;우주 역사의 주재자;삼신 하느님)의 은혜에 감사하여 부르는 기쁨과 찬사의 노래였다.

- 소련과 대련과 삼년상 풍속의 유래 -

재위 2년 임인년(단기 95년, BC 2,239년)에 임금께서 소련과 대련을 불러 나라를 다스리는 방도에 대해 물었다.

이에 앞서 소련과 대련은 거상(居喪)을 잘 하였으니 처음 3일은 태만하지 않았고 3개월 동안은 게으르지 않았고 한해가 다 지나도록 슬퍼하였으며 3년간 근심으로 살았다.

이로부터 세상의 풍속이 부모상을 당하면 소련과 대련을 본 받아 다섯달 동안 정상(停喪)을 하였는데 오래도록 상을 모시는 것을 영광으로 여겼다.

천하의 대성인이 아니었다면 어찌 덕화(德化)가 널리 퍼짐이 이토록 역마(驛馬)로 전하는 것처럼 빠를 수 있었겠는가?

소련과 대련은 효자로 알려지고 훗날 공자 또한 이를 칭송하였다.

무릇 효란 사람을 사랑하고 세상을 이롭게 하는 근본이니 온 세상에 이를 널리 펴서 표준으로 삼았다.

- 도량형의 통일과 정전법 시행 -

재위 3년 계모년(단기 96년, BC 2,238년) 9월에 조칙을 내려 백성들에게 머리카락을 땋아서 머리를 덮게하고 푸른옷(靑衣)를 입게 하였다.(평상시에는 푸른옷 제천시에는 흰옷을 즐겨 입었다;흰색은 빛의 총화이고 우리 선조들은 흰색을 숭상하였다)

도량형(度量衡)을 모두 관(官)의 표준에 맞게 통일하고 삼베와 모시의 시장 가격을 어디서나 똑같게 하였다. 백성이 서로 속이지 않게 되므로 원근 사람들이 모두 편하게 여겼다.

재위 10년 경술년(단기 103년, BC 2,231년) 4월에 토지의 경계를 우물정자(井)로 그어 구분하여(井田法;정전법) 전결(논 밭에 물리는 세금)을 정해주어 백성이 스스로 사욕을 채우지 못하게 하였다.

정전법(井田法)이란 통상적으로 정사각형의 농지를 우물정자(井)형으로 구획하여 관리하는 제도로 8호가 8구획을 각각 사전(私田)으로 경작하고 그 가운데 한구획을 공전(公田)이라하여 8호가 공동으로 경작하여(八家同田;팔가동전) 그 수확물을 나라에 세금으로 바치는 제도를 말한다.

고조선 초기의 조세는 공전 생산량의 20분의1을 바치는 이십일세(十十一稅)였다(맹자에),

중국의 정전법은 하 상 주 3왕조에 걸쳐서 시행되었는데 당시 조선의 영향을 받아 10분의1을 취하는 십일세(十一稅)였다

고조선의 20분의 1세를 10분의 1세로 바꾸어 조선과 달리하고는 조선의 세법을 모방하였음을 감추고 선대 요 순의 유제라고 거짓말을 하였다.

재위 12년 임자년(단기 105년, BC 2,229년)에 신지(神誌) 귀기(貴己)가 칠회력(七回曆;달력)과 구정도((九井圖;우물 정자처럼 나눈 토지구획도)를 만들어 바쳤다.

- 지도의 작성 -

부루임금은 제후와 대신 욕살 신지 읍차 들에게 관내의 지도를 작성해 올리도록하여 천하의 지세를 파악할 수 있게 하였다. 즉 산세 수세 리수 고을 사창 역참 진도 교량 토산 누정 봉수 등을 그려 화폭에 옮기도록 하였다. 이 보찬(寶贊)의 일부가 대진국(발해)의 고왕때까지 전해 졌다는 기록이 있고 대진국이 한때 산동성 등주지방을 회복한 사실의 기록도 있다.

- 부루단지 풍속의 유래와 전계의 뜻 -

재위 58년 무술년(단기 151년, BC 2,183년)에 부루단군께서 붕어하셨다. 이날 하늘에 일식이 있었고 산짐승들이 떼를 지어 울부짖고 만백성이 목 놓아 통곡하였다.

후에 백성들이 제사를 지낼 때 집안에 자리를 정하여 제단을 설치하고 항아리에 곡식을 담아 제단 위에 올려 놓았는데 이를 부루단지(夫婁壇地)라 부르고 업신(業神)으로 삼았다.

이것은 부루임금이 물을 다스리고 자리를 정하여 살게하고 농토를 정리하고 도량형을 통일한 큰덕을 기리기 위하여 치성을 드리는 뜻이 담겨 있는 것이다.

업신을 또 전계(佺戒)라고도 하였는데 전계는 온전한 사람이 되는 계율을 받아서(佺人受戒;전인수계) 업주가리(業主嘉利;집안의 재물과 복을 관장하는 신)가 된다는 것으로 사람과 그가 이루고자 하는 업이 함께 온전해 진다는 뜻이다. 태자 가륵이 즉위 하였다.

***3세 가륵단군;재위 45년**(원년;기해년;단기 152년, BC 2,182년)

– 신(神)과 왕(王) 종(倧)과 전(佺)의 도(道)에 대한 말씀 –

원년 5월에 임금께서 삼랑(三郎;삼신을 수호하는 관직) 을보륵(乙普勒)을 불러 신과 왕 종과 전의 도를 하문하니 을보륵이 엄지 손가락을 깍지끼고 오른 손을 왼손 위에 포개어 삼육대례를 행하고서 진언하니 이러 하였다.

삼육대례는 삼육구배라고도 하는데 천자를 알현할 때 올리던 한민족 고유의 절법으로 일배하고 머리를 세번 조아리고 이배하고 머리를 여섯번 조아리고 삼배하고 머리를 아홉번 조아리는 예법을 일컫는다.

을보륵이 말하기를 신(神)은 천지조화의 기(氣)로 부터 만물을 낳고 각기 타고난 성품(性)을 온전하게 하시니 신의 오묘한 조화를 백성이 모두 믿고 의지 하는 것입니다.

왕(王)은 덕과 의로써 세상을 다스려 각자 타고난 목숨을 안전하게 해주시니 왕이 베푸는 것은 백성이 복종하여 따르는 것입니다. 종(倧)은 나라에서 선별한 스승이요 전(佺)은 백성이 천거한 스승이니 모두 이레(7일)를 한회로 하여 삼신께 나아가 맹세합니다. 세 고을(三忽;삼홀)에서 뽑은 사람은 전(佺)이 되고 구환(九桓)에서 뽑은 사람은 종(倧)이 됩니다.

그 도(道)를 말하자면 아비가 되고자 하는 사람은 아비다워야 하고 임금이 되고자 하는 사람은 임금다워야 하고 스승이 되고자 하는 사람은 스승다워야 하는 것입니다. 아들 신하 제자가 된 사람 역시 아들답고 신하답고 제자다워야 합니다 라고 하였다.

또 임금께서는 소도를 세워 삼륜구서(三倫九誓)의 가르침을 구환족에게 베푸니 나라를 다스리는 덕화가 널리 미쳐 구환의 백성이 모두 순종하고 삼신의 한마음으로 돌아가 교화가 이루어졌다. 이 삼륜구서의 윤리 규범은 후세 유교 윤리의 근간이 되었는데 이러하다.

삼륜;부자애지강(父子愛之鋼)
군민예지강(君民禮之鋼)
사도도지강(師徒道之鋼)
구서;효자순례(孝慈順禮) 우목인서(友睦仁恕)
신실성근(信實誠勤) 충의기절(忠義氣節)
손양공근(遜讓恭謹) 명지달견(明知達見)
용담무협(勇膽武俠) 렴직결청(廉直潔淸)
정의공리(正義公理)

유교에서는 공 맹(孔 孟)의 도가 요 순에서 나왔고 멀리 황제 헌원에 까지 거슬러 올라 간다고 가르쳐 왔다.

그러나 이들은 모두 배달과 단군조선을 스승의 나라로하여 동방민족의 선진 신교문화를 가져간 것이 역사의 진실이다.

뒷날 유교의 삼강오륜은 이 삼륜구서를 그대로 옮겨 적은것이라 해도 전혀 지나친 말이 아니다.

- 한글의 기원과 고조선 원형문자 -

재위 2년 경자년(단기 153년, BC 2,181년) 이때에 풍속이 일치하지 않고 지방마다 말이 서로 달랐다. 비록 상형(象形) 표의(表意) 문자인 진서(眞書;신지 현덕이 만든 녹도문으로 추정됨)가 있어도 열 가구 정도가 모인 마을에서도 말이 서로 통하지 않는 것이 많고 땅이 백리가 되는 나라 안에서도 서로 문자를 이해 하기가 어려웠다. 이에 가륵단군께서 삼랑 을보륵에게 명하여 정음(正音)38자를 짓게하니 이것이 바로 가림토(加臨土)이다.

글자는 다음과 같다.

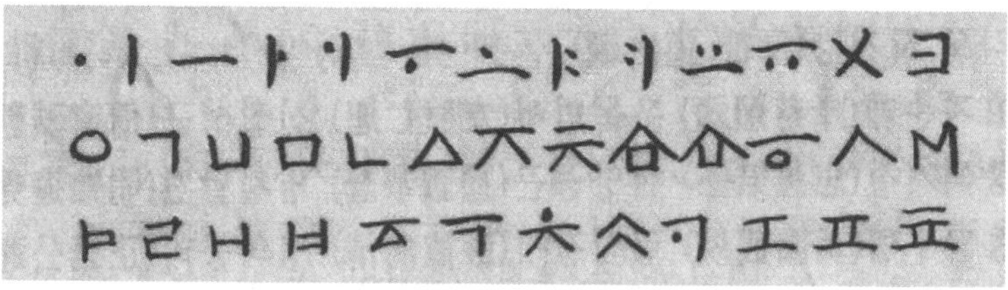

이 가림토 문자는 만주 길림성 경박호 선춘벽
만주 길림성 경박호 어부조이 암벽
중국 광동성 남해 연량 하리 암벽
일본의 법륭사등 사찰과 신사 다수에
글자형이 남아 있다고 한다.

가림토는 세종대왕이 창제한 한글 28자와 거의 비슷하다.

오늘날 우리가 쓰고 있는 한글은 고조선 글자(가림토)의 변형 태인 것이다.

한글은 현재 세계 문자 가운데 가장 과학적인 문자이고 특히 컴퓨터 시대에 자음과 모음이 구분되어 있어 더욱 쓰기에 편리한 문자이다.

한문(漢文)이 중국 한 나라때 만들어진 글자라하여 중국 글이라고 하나 실재는 그 보다 1,500년전 은나라에서 만든 갑골문자가 그 모태이고 은나라는 동이족이 세운 국가이고 갑골문자 역시 배달과 고조선의 상형 표의 문자인 진서(眞書;신지 혁덕이 만든 녹도문)를 기반으로 하여 만든 문자이다. 따라서 문자의 기원도 우리 동이족에서 비롯된 것이다.

재위 3년 신축년(단기 154년, BC 2,180년)에 신지 고설(高契)에게 명하여 배달유기(倍達留記;우리나라 최초의 역사책이라 할수 있으나 지금 현존하지 않음)를 편찬하게 하였다.

조선 상고부터 고구려 초기까지의 역사책인 배달유기 100권을 고구려 동천왕 때 위나라 장수 관구검에게 모두 빼았겼다.

그리고 신라 진흥왕 때 거칠부가 쓴 신라고사 백제 중엽에 고흥박사가 쓴 백제서기 고구려 말엽에 태학박사 이문진이 유기 100권을 추려서 쓴 신집오권 등이 있었으나 애석하게도 모두 전해지지 않는다.

- 흉노족의 시조와 우수국의 기원 -

재위 6년 갑진년(단기 157년, BC 2,177년)에 임금께서 열양(列陽) 욕살(광역행정 단위의 수장) 색정(索靖)을 약수(弱水;감숙성 장액현지역;흉노의 근거지) 지방에 유배시켜 종신토록 감옥에 가두어 두었다가 후에 용서하여 그 땅에 봉하니 흉노(匈奴;훈족)의 시조가 되었다.

재위 8년 병오년(단기 159년, BC 2,175년)에 강거(왕험성 즉 험독의 수장으로 병권을 쥐고 있었슴)가 반란을 일으키니 임금께서 지백특(支伯特;티베트)에서 토벌하였다. 고조선의 활동영역이 티베트 지역까지 뻗쳐 있었음을 알수 있다.

인도의 남부 지방에 사는 사람들은 농기구와 농사에 쓰이는 말이 우리와 같고 솟대도 우리와 같다고 한다.

이들은 강거의 반란때 티베트에 살던 화이의 후예들로 중국 한나라의 세력에 의해 인도의 남부까지 옮겨 살았는데 가락국 수로왕비 허황옥은 바로 이 화이의 후예들이 세운 아유타국의 공주였다고 한다.

여름 4월에 불함산(하얼빈의 완달산)에 올라 민가에서 밥짓는 연기가 적은 것을 보고 조세를 줄이고 차등을 두게 하였다.

재위 10년 무신년(단기 161년, BC 2,173년)에 두지주(豆只州;춘천에서 우수리강까지;동서는 100리 남북은 2천여리)의 예읍(濊邑 ; 만주 훈춘지방)의 추장 소시모리가 반란을 일으키니 임금께서 여수기(余守己)에게 명하여 그곳 추장 소시모리(素尸毛犁)의 목을 베었다.

이로부터 그 땅을 소시모리라 불렀는데 지금은 음이 변해서 소머리 나라(牛首國;우수국)가 되었다.

그 후손에 협야노(陜野奴)라는 인물이 있었는데 바다를 건너가 삼도(일본의 3개 본섬)을 점거하고 스스로 천왕이라 칭하였다.

협야노는 협야후 배반명으로 36세 매륵단군 38년 갑인년(BC 667년)에 해상의 도적을 토벌하고 일본의 3도를 통일하여 스스로 천왕(일본의 초대 천왕인 신무왕)이 된자이다.

재위 45년 계미년(단기 196년, BC 2,138년) 9월에 가륵단군 붕어하고 오사구가 즉위 하였다.

***4세 오사구단군;재위 38년(원년;갑신년;단기 197년, BC 2,137년)**

- 몽고족의 기원 -

임금께서 아우 오사달(烏斯達)을 몽고리 한(蒙古里汗;몽고의 군장)으로 책봉하였다. 지금의 몽고지역은 진조선의 영역이었다.

혹자는 지금의 몽고족이 그의 후손이라고 한다.

흉노 선비 돌궐 거란 몽골 등 북방민족은 오늘날의 우리 한 민족과 밀접한 관계가 있다. 사상과 풍습에서 우리와 유사한 점이 매우 많다.

북방민족은 자신들을 천손(하늘의 자손) 민족이라 일컫고 천신(하느님)을 숭배하였다.

북방 시조들의 탄생에 얽힌 난생설화 순장제와 형사 취수제(형이 죽으면 형수를 아내로 맞이하는 풍습;전쟁이 심한 시대에 가문을 보존하기 위한 수단으로 이용되었습) 등도 우리 문화와 매우 유사하다.

북방민족과 우리 한 민족은 고조선이라는 같은 뿌리로 서로 연결되어 있기 때문이다.

겨울 10월에 북쪽을 순수하고 돌아오는 길에 태백산(백두산)에 이르러 삼신하느님께 천제를 지내고 영험한 약초를 얻었다.

이것이 곧 산삼이며 선약(仙藥)이라고 불렀다.

이때부터 신선 불사의 설이 산삼을 먹어 보정(保精)하는 것과 밀접한 관련이 있게 되었다.

간혹 산삼을 캐먹은 사람이 전하는 바에 따르면 신이한 영험이 있어 자못 특이한 효과가 있다고 하였다.

재위 5년 무자년(단기 201년, BC 2,133년)에 가운데가 둥근 구멍이 뚫린 화폐인 원공 패전(圓孔貝錢)을 주조하였다.

이해 가을 8월에 하(夏) 나라 사람이 와서 특산물을 바치고 신서(神書)를 구하여 갔다.

10월에 조야기(朝野記;조정과 민간에서 근본으로 삼아야할 글)를 돌에 기록하여 백성에게 공포하였다.

재위 7년 경인년(단기 203년, BC 2,131년)에 살수(요동반도 개평현 주남하) 강가에 조선소(造船所)를 설치하였다.

재위 19년 임인년(단기 215년, BC 2,119년)에 하나라 5세왕 상(相)이 실덕하므로 임금께서 식달(息達)에게 명하여 람 진 변(람국 진한 변한) 3부의 군대를 이끌고 가서 정벌하게 하니 천하 사람들이 그 소식을 듣고 복종하였다.

본 사건은 하나라 5세왕 상 때가 아니고 3세 태강왕 19년(BC 2,170년) 고조선 3세 가륵단군 13년의 일인 듯 하다.

후한서 동이열전에 태강왕이 덕을 잃어 동이가 배반(침략) 했다고 기록되어 있기 때문이다,

이때 유궁국왕인 "예"의 아들 "후예'가 람 진 변의 군사와 함께 태강왕을 옹주의 오서산으로 내치고 태강왕의 동생 중강을 왕으로 옹립하였다.

재위 38년 신유년(단기 234년, BC 2,100년) 6월에 오사구단군 붕어하고 계가(鷄加) 출신 구을이 즉위 하였다.

***5세 구을단군;재위 16년(원년;임술년;단기 235년, BC 2,099년)**

원년에 임금께서 태백산(백두산)에 단을 쌓게하고 사자(使者)를 보내어 제사를 지냈다.

재위 2년계해년(단기 236년, BC 2,098년) 5월에 황충(메뚜기)이 크게 번져 밭과 들에 가득하였다.

임금께서 친히 밭과 들을 둘러보며 황충을 잡아 입에 넣어 삼키고 삼신께 이를 멸해 주시기를 비니 과연 며칠만에 황충이 모두 사라졌다,

재위 4년 을축년(단기 238년, BC 2,096년)에 갑 자를 첫머리로 하여 책력을 만들었다(환웅천황 이후 계 해를 60 갑자의 첫머리로 삼았으나 이때에 와서 비로소 지금과 같이 갑 자를 60 갑자의 첫머리로 삼음)

재위 8년 기사년(단기 242년, BC 2,092년)에 신독(인도의 옛 이름)사

람이 표류하여 동해가에 도착하였다.

재위 16년 정축년(단기 250년, BC 2,084년)에 임금께서 친히 장당경에 순행하여 삼신단을 봉축하고 환화(桓花;무궁화)를 많이 심었다. 환화는 환국 시대부터 국화였다. 또한 환화를 진달래 꽃으로 보는 설도 있다. 산동성 교남시에 있는 낭야대는 단군조선의 감우소(우순의 정치를 감독하는 관청)가 있던 곳이다.

단군조선은 이곳 낭야대에서 서방의 제후들로 부터 정사를 보고 받았다. 현재 이곳 주산인 대주산에는 해마다 진달래 축제를 벌인다. 주민의 말에 따르면 주변의 다른 산에는 진달래가 없는데 유독 대주산에만 진달래 꽃이 만발한다고 한다. 이것은 단군조선의 국화인 환화가 진달래라는 설을 뒷바침하는 증거로 추정할 수 있다.

이해(재위 16년) 7월에 임금께서 남쪽으로 순행할때 풍류강(비류강)을 거쳐 송양(강동현의 옛 이름)에 이르러 병을 얻어 갑자기 붕어하여 대박산에 장사를 지냈다. 우가 출신 달문이 추대받아 대통을 이었다.

여기서 강동현은 지금 평양 북쪽에 있는 강동군으로 거기에 대박산이 있다. 5세 구을단군이 갑자기 붕어하여 강동현 대박산에 장사를 지냈다고 하는 것은 즉 그곳에 구을단군 릉이 있다는 이야기가 되는 것이다. 최근에 북한에서는 이 단군 릉을 발굴하였는데 그 곳에서는 금 동 유물들이 출토되었고 연대는 지금부터 5,011년 전으로 확인 되었다고 발표한바 있다. 그리고 북한에서는 단군 릉을 복원하고 유물을 전시하고 있다.

이것은 이기록의 원본이 된 환단고기의 기록이 정확하였다는 것을 증명하는 것이다.

***6세 달문단군;재위 36년**(원년;무인년;단기 251년, BC 2,083년)

-한민족의 뿌리를 노래한 대서사시;서효사(誓效詞;일명신지비사)-

재위 35년 임자년(단기 285년, BC 2,049년)에 여러왕을 상춘(장춘;눌견;주가성자)에 모아 구월산에서 삼신께 제사지낼 때 신지(神誌) 발리(發理)로 하여금 서효사(誓效詞)를 짓게하니 가사는 이러하다.

아침 햇살 먼저 받는 이땅에 삼신(국조 삼신인 환인 환웅 단군을말함)께서 밝게 세상에 임하셨고 환인천제 먼저 법을 내셔서 덕을 심음에 크고도 깊사 옵니다.

모든 신이 의논하여 환웅을 보내셔서(천거하여) 환인천제의 조칙 받들어 처음으로 나라를 여셧사옵니다.

치우천황 청구에서 일어나 만고에 무용을 떨치셔서 회수 태산 모두 천황에 귀순하니 천하의 그 누구도 감히 침범 할 수 없었사옵니다.

단군왕검 하늘의 명을 받으시니 기쁨의 소리 구환에 울려 퍼졌사옵니다.

물고기 물 만난 듯 백성들이 소생하고 풀잎에 부는 바람 처럼 덕화가 새로워 졌사옵니다.

원한 맺힌자 원한을 풀어주고 병든자 먼저 낫게 하였사옵니다.

일심으로 인과 효를 행하시니 사해에 광명이 넘치옵니다.

진한이 나라 안을 진정시키니 정치의 도는 새로워 졌사옵니다.

마한은 왼쪽을 지키고 번한은 남쪽을 제압하옵니다.

깍아지른 바위가 사방 벽으로 둘러 쌌는데 거룩하신 임금께서 새 서울에 행차 하셨사옵니다.

삼한 형세 저울대 저울추 저울판과 같으니 저울대는 소밀랑이요 저울추는 안덕향이요 저울판은 백아강이라

고조선 삼한 수도와 위치

삼한수도 즉 저울대는 소밀랑(부소랑)으로 진한의 수도 송화강 아사달로 지금의 흑룡강성 하얼빈이고 저울추는 안덕향(오덕지)으로 번한의 수도 지금의 하북성 개평부 동쪽에 있는 탕지보 이고 저울판은 백아강으로 마한의 수도 지금의 대동강 평양이라

머리와 꼬리가 서로 균형을 이루니 그 덕에 힘입어 삼신의 정기 보호 하옵니다. 나라를 흥성케하여 태평세월 보존하니 일흔 나라 조공하며 복종하였 사옵니다. 길이 삼한관경 보존해야 왕업이 흥하고 번성할것 이옵니다.

나라의 흥망을 말하지 말지니 천신님 섬기는데 정성을 다 하겠 사옵니다.

-동방의 모든왕을 소집하여 환국오훈과 신시오사를 전수함-

이때 모든 왕(諸 汗)과 약속하니 이러 했다.

무릇 나와 함께 약속한 사람들은 환국오훈(五訓)과 신시오사(五事)를 영구히 준수할 것을 법으로 삼아야 하리라

제천 의례는 사람을 근본으로 삼고 나라를 다스리는 도는 먹는 것을 우선으로 삼아라

농사는 만사의 근본이요 제사는 오사의 근원이라 마땅히 백성과 함께 일하고 생산하되 먼저 겨레를 중히 여기도록 하라

포로와 죄수를 용서하며 아울러 사형을 없애도록 하라

책화(責禍;읍락사이의 경계) 제도를 두어 지경(地境;땅의 경계)을 보존하고 화백을 공의로 삼아라(공식적인 제도로 삼아라)

오로지 한결같이 함께 화합하는 마음을 베풀어 겸양의 덕을 길러야 어진 정치를 행하는 기틀이 열리리라

이때 맹세하고 폐백을 바친자는 대국이 둘이요 소국이 스물이며 읍락이 3,624곳 이었다.

재위 36년 계축년(단기 286년, BC 2,048년)에 달문단군 붕어하고 계가 출신 한율(翰栗)이 즉위 하였다.

***7세 한율단군;갑인년**(단기 287년, BC 2,047년)에 즉위하여 54년 재위하다 정미년(단기 340년, BC 1,994년)에 붕어하고 우서한이 즉위 하였다.

***8세 우서한**(오사함) **단군;재위 8년**(원년;무신년;단기 341년, BC 1,993년)

재위 2년 기유년(단기 342년, BC 1,992년)에 풍년이 들어 줄기 하나에 이삭이 여덟개씩 피었다.

재위 4년 신해년(단기 344년, BC 1,990년)에 임금께서 미복을 입고 몰래 국경을 벗어나 하나라의 실정을 살피고 돌아 왔다. 임금께서 이해에 관제를 크게 개혁하였다.

재위 7년 갑인년(단기 347년 BC, 1,987년)에 삼족오(三足烏)가 동산에 날아 들었는데 날개가 석자나 되었다.

삼족오는 다리가 셋달린 까마귀를 말하는데 태양에 산다는 신조로서 삼신상제의 사자라고도 하며 삼족오는 태양과 삼신사상을 상징하는 것이다.

재위 8년 을묘년(단기 348년, BC 1,986년)에 우서한단군 붕어하고 태자 아술이 즉위 하였다.

***9세 아술단군;재위 35년**(원년;병진년;단기 349년, BC 1,985년)

임금께서 어진 덕이 있어 백성중에 금법(禁法;고조선 고유의 법을 말함;22세 색불루단군 때 시행된 8조 금법 이전에 이미 백성들이 지켜야 할 법이 있었슴)을 범한자가 있으면 분지(糞地;오물구덩이)가 비록 더러우나 비와 이슬이 가리지 않고 내리느니라 하고 죄를 논하지 않았다.

금법을 범한자가 그덕에 감화되어 순박하고 후덕한 교화가 널리 행해졌다. 이날 해가 둘이 나타나(해는 옛날부터 제왕을 상징함;해가 둘이 나타나는 것은 두왕의 대립 즉 전란의 징조로 보았슴) 그것을 보려는 사람들이 담처름 늘어서 큰 행렬을 이루었다.

재위 2년 정사년(단기 350년, BC 1,984년)에 청해 욕살 우착(牛捉)이 군사를 일으켜 대궐을 침범하였다.

임금께서 상춘(장춘;눌견)으로 피난하여 구월산 남쪽 기슭에 새 궁궐을 세우고 우지(牛支)와 우속(牛粟)을 보내 우착을 토벌하여 죽였다. 그후 3년만에 다시 환도 하였다.

재위 35년 경인년(단기 383년, BC 1,951년)에 아술단군 붕어하고 우가 출신 노을이 즉위 하였다.

***10세 노을단군;재위 59년**(원년;신묘년;단기 384년, BC 1,950년)

재위 2년 임진년(단기 385년, BC 1,949년)에 임금께서 친히 읍락을 행차하여 민정을 상피며 백성을 위로하고 야외에 머물때 현자들이 많이 따랐다.

임금께서 큰 동산을 만들고 야생 동물을 처음으로 길렀다.

재위 5년 을미년(단기 388년, BC 1,946년)에 궁문 앞에 신원목(伸寃木;백성들이 억울함을 호소하도록 세워둔 나무)을 세워 백성들의 하소연을 들으니 모든 백성이 크게 기뻐하였다.

재위 16년 병오년(단기 399년, BC 1,935년)에 동문밖 10리 떨어진 땅위에 연꽃이 피었고 불함산(하얼빈 완달산)에 누워 있던 돌이 저절로 일어 났으며 천하(天河;송화강)에서 신령스러운 거북이 그림을 지고 나타 났는데 그 모양이 윷판과 같았으며 또 발해 연안에서 금괴가 나왔는데 수량이 13석이나 되었다.

재위 35년 을축년(단기 418년, BC 1,916년)에 처음으로 별을 감별하는 감성(監星)을 설치하였다.

재위 59년(단기 442년, BC 1,892년)에 노을단군 붕어하고 태자 도해가 즉위 하였다.

***11세 도해단군;재위 57년**(원년;경인년;단기 443년, BC 1,891년)

-국선 소도의 설치와 웅상의 유례-

재위 원년에 오가에 명하여 12명산 가운데 가장 아름다운 곳을 골라 국선 소도(國仙 蘇塗)를 설치하였다.

소도는 천신(하느님)께 천제를 지내는 곳으로 종교적 성지였으며 하느님을 섬기는 종교지도자가 있었는데 이를 천군이라 하였으며 큰나무(소나무)에 방울과 북을 메달고 주위에 금줄을 쳐서 사람의 출입을 막았다. 이것은 소도를 신성시하기 때문이고 소도 제천 행사는 환국시대 부터 시작되었다.

그 둘레에 박달나무와 소나무 등을 심고 가장 큰 나무(신단수 또는 웅상 나무라함)를 택하여 환웅상으로 모시고 제사를 지냈는데 그 이름을 웅상(雄常;환웅이 항상 임재해 계심)이라 하였다.

소도에서의 제천행사는 처음에는 3월 16일(대영절)과 10월 3일(개천절)에 행하다가 뒤에는 5월과 10월에 행하였다.

제천 행사가 끝난 뒤에는 가무와 활쏘기 줄다리기등 민속놀이를 벌여 백성들의 단결을 도모하였다.

고대 부족국가인 동예의 제천 행사로 알려진 무천(舞天)이 고조선의 풍속이라는 당나라 시대의 문헌이 발견되었다(AD 650년)

"토원책부"에는 고조선에서 10월에 무천이 열렸고 출전에 앞서서는 소를 잡아 그 발굽의 형상으로 길흉을 점치는 "우제점"을 행했다고 기록해 놓고 있다.

국자랑(國子郎;국선 또는 선랑이라고도 부름;신라 시대 화랑의 모체임)을 가르치는 사부 유위자가 헌책하여 아뢰기를 오직 우리배달이 실로 환웅천황의 신시 개천이래로 백성을 모아 전(佺)의 도로써 계율을 세워 교화 하였습니다.

천부경과 삼일신고는 역대 성조들이 조명(詔命)으로 기록하였고 의관을 갖추고 칼을 차고 다니는 풍습은 아래로 백성이 즐거이 본 받았습니다.

이에 백성은 법을 범하지 않았고 한결같이 잘 다스려 졌으며 들에는 도적이 없어 저절로 평안하게 되었습니다.

온 세상 사람이 병이 없어 저절로 장수를 누리고 흉년이 없어 저절로 넉넉하여 산에 올라 노래 부르고 달맞이를 하면서 춤을 추고 아무리 먼곳이라도 그 덕화가 미치지 않는 데가 없고 어떤 곳이든 흥하지 않는 곳이 없었습니다.

이렇게 덕과 가르침이 만백성에게 미치고 칭송하는 소리가 사해에 넘쳤다고 합니다 하고는 그렇게 다스려 주기를 청하였다.

유위자는 도해단군 때 태자의 스승으로 상(은) 나라 탕왕때 명재상 이윤(伊尹)도 유위자의 문화생이었으며 신교를 이론적으로 체계화 시킨 분은 치우 천황 때의 자부 선생이고 이를 학문적으로 집대성한 사람이 유위자 선생이다.

- 대시전의 위용 -

그해 가을 10월에 임금께서 대시전(大始殿;환웅천황을 모신 성전인 환웅전을 말함;대시전은 도해단군 때 처음 세웠고 처음에는 환웅상만 봉안했으나 후에는 점차 충신 열사 등도 봉안하였슴)을 건축하도록 명하셨다.

대시전이 완성되니 그 모습이 지극히 웅장하고 화려하였다.

환웅 천황의 유상(遺像)을 받들어 모시니 머리에 광체가 찬란하여 마치 태양이 온 우주를 환하게 비추는 것 같았다.

신단수 아래 환화(무궁화) 위에 앉아 계시니 마치 진신 한 분(一眞神;일진신;살아있는 신)이 원융무애한 마음으로 손에 천부인을 쥐고 계신것 같았다.

누전(樓殿)에 대원일(大圓一)을 그린 기(旗)를 걸어 놓고 명호를 거발환(居發桓)이라 하였다.

사흘동안 재계하고 이레동안 강론하니 그 덕화의 바람이 사해를 움직였다.

- 하늘 땅 사람의 창조 정신과 목적 -

그 염표문(念表文;생각을 나타내는 글)의 내용은 다음과 같다.

하늘은 아득하고 고요함으로 광대하니 하늘의 도(天道)는 고루미쳐 원만하고 그하는 일은 참으로 만물을 하나되게 (眞一)함이니라. 땅은 하늘의 기운을 모아서 성대하니 땅의 도(地道)는 하늘의 도를 본받아 원만하고 그 하는 일이 쉼없이 길러 만물을 하나 되게 (勤一) 함이니라.

사람은 지혜와 능력이 있어 위대하니 사람의 도(人道)는 천지의 도를 선택하여 원만하고 그 하는 일은 서로도와 협력하여 태일의 세계(協一)를 만드는데 있느니라.

그러므로 삼신께서 참마음을 내려 주셔서 (一神降衷;일신강충)

사람의 성품은 삼신의 대광명에 통해있으니 (性通光明;성통광명)

삼신의 가르침으로 세상을 다스려 깨우쳐서 (在世理化;재세이화)

인간을 널리 이롭게 하라(弘益人間;홍익인간)하고 이글을 그대로 돌에 새겼다.

- 동방 문물의 중심지 송화강 -

재위 28년 정사년(단기 470년,BC 1,864년)에 장소를 마련하여 각지의 특산물을 모아 진기한 물건을 진열하게하니 천하의 백성이 다투어 바쳐 쌓은 것이 산과 같았다.

재위 38년 정묘년(단기 480년, BC 1,854년)에 장병을 징집하여 병사로 만들었다.

선비 20명을 뽑아 하나라 수도로 보내 처음으로 국훈(國訓)을 전하여 위엄있는 명성을 보여 주었다.

재위 46년 을해년(단기 488년,BC 1,846년)에 송화강변에 청사(廳舍)를 세워 배와 노 기물을 생산하여 세상에 크게 쓰이게 하였다.

3월에 산 남쪽에서 삼신께 제사지낼 때 술과 음식을 준비하여 제문을 지어 초제를 지내고 이날 밤은 특별히 술을 하사 하시어 백성과 함께 돌아가며 들었다.

모든 유희가 끝난 뒤에 누대의 전각에 올라 천부경을 논하고 삼일신고를 강론하고 오가(五加)를 돌아보고 이렇게 말하였다.

이제부터 살생을 금하고 잡은 것은 놓아 주고 옥문을 열어 주고 거지에게 밥을 주고 사형을 없애라 하니 나라 안 팎에서 이 소식을 듣고 크게 기뻐하였다.

재위 57년 병술년(단기 499년, BC 1,835년)에 도해단군 붕어하자 만백성이 통곡하기를 어미상과 같이 하였다. 우가 출신 아한이 즉위 하였다.

*12세 아한단군;재위 52년(원년;정해년;단기 500년, BC 1,834년)

재위 2년 무자년(단기 501년, BC 1,833년)가을 8월에 임금께서 나라를 순행하다가 요하(현 난하)의 왼쪽에 이르러 스승 유위자의 권유을 받고 순수 관경비(巡狩 管境碑)를 세우고 조선의 문자로 역대 제왕의 명호를 새겨 전하였다.

이것이 금석문(金石文)으로 가장 오래된 것이다. 후에 창해 역사 여홍성이 이곳을 지나 다가 이 순수 관경비를 보고 시 한수를 지었는데 그 시의 내용이 이러하다.

이곳 들판 예로부터 번한이라 불렀는데 유난히 특이한 돌 하나 서 있구나
토대는 무너져 철쭉이 붉게 피었고 글자는 이지러져 이끼만 푸르네
저 아득한 태고시절 만들어져 흥망의 역사 간직 한 채 홀로 서 있구나
문헌으로 고증할 길 없지만 이것이 단군왕검의 자취가 아니겠는가?

창해 역사 여홍성은 전국 시대 말 진나라가 강성하여 위 연 조 제 한 초 등 6국을 병탄하고 천하를 통일하자 한인(韓人;패망한 한나라 사람) 장량(張良)이 망국의 한을 품고 조선으로 들어와 구원을 요청하였는데 이에 왕모(북부여 해모수단군으로 추정됨)가 창해의 역사 여홍성(黎洪星)을 소개해 주었다.

여홍성은 120근 철퇴를 준비하여 가지고 양무현 박랑사(하남성 원양현 동남)에서 진시황을 저격하였으나 빗나가 부차(수행원이 탄 수레)만 부수고 성공하지 못하였다는 기록이 사기의 "유후세가"에 전해오고 있다. 재위 29년 을묘년(단기 528년, BC 1,806년)에 조칙을 내려 청아 욕살 비신과 서옥저 욕살 고사침과 맥성 욕살 돌개를 열한(列汗)에 봉하였다.

여기 옥저에서 서옥저는 만리장성 이남지역 동옥저는 함경북도 지역 남옥저는 요동반도 지역 북옥저는 서간도 지역으로 고조선 초기에는 옥저가 요하 서쪽에 있었다.

재위 52년 무인년(단기 551년,BC 1,783년)에 아한단군 붕어하고 우가 출신 흘달이 즉위 하였다.

***13세 흘달단군;재위 61년**(원년;기묘년;단기 552년, BC 1,782년)

재위 16년 갑오년(단기 567년, BC 1,767년)에 임금께서 주 현을 정하고 관직을 분립하는 제도를 시행하였다.

관은 권한을 겸하지 못하게 하고 정치는 법도를 넘지 않게 하므로 백성은 고향을 떠나지 않고 스스로 하는 일을 편안하게 여겨 현악기에 맞추어서 부르는 노래 소리가 나라 안에 넘쳐 흘렀다. 이해 겨울 상(은)나라 탕왕이 하(夏) 나라를 치자 하나라 걸왕이 고조선에 구원을 청하였다.

이에 임금께서 읍차(邑借) 말랑(末良)에게 명하여 구환(九桓)의 병사를 이끌고 가서 하나라의 전투를 돕게 하였는데 이에 상나라 탕왕이 사신을 보내 사죄하므로 군사를 돌리게 하였다는 내용은 전술한바 있다.

상(은) 나라는 건국 초에는 하남성 박(상구) 땅에 도읍을 정하고 상(商)이라 하였는데 그뒤 여러차례 도읍을 옮겼고 19세 반경왕 때에는 도읍을 은(하남성 안양)으로 옮긴뒤 은나라로 부르게 되었다.

재위 20년 무술년(단기 571년, BC 1,763년)에 소도를 많이 설치하고 천지화(天指花)를 심었다.

미혼 소년들에게 독서와 활쏘기를 익히게 하고 이를 국자랑이라 불렀는데 국자랑이 밖에서 다닐때 머리에 천지화를 꽂았기 때문에 당시 사람들이 이들을 천지화랑 이라고 불렀다.

재위 50년 무진년(단기 601년, BC 1,733년)에 오성(五星;목성 화성 토성 금성 수성)이 누성(서쪽 방위에 위치한 별자리)에 모이고(전 서울대 천문학과 박창범 교수는 이때의 오성취루 현상을 컴퓨터로 시뮬레이션 해 본 결과 역사적 사실과 일치함을 입증한바 있슴). 황학이 금원(궁궐 동산)의 소나무에 깃들었다.

재위 61년 기묘년(단기 612년, BC 1,722년)에 흘달단군 붕어하자 만백성이 음식을 끊었고 울음소리가 그치지 않았다.

명을 내려 죄수와 포로를 석방하고 살생을 금하고 방생을 하였다.

해를 넘겨 장래를 치르고 우가 출신 고불이 즉위 하였다.

***14세 고불단군;재위 60년(원년;경진년;단기 613년, BC 1,721년)**

재위 6년 을유년(단기 618년, BC 1,716년) 이해에 큰 가뭄이 들었는데 임금께서 친히 하늘에 기우제를 지냈다.

기우제를 마치자 큰 비가 수천리에 내렸다.

재위 42년 신유년(단기 654년, BC 1,680년) 9월에 고목에서 싹이 돋았고 오색 찬란한 큰 닭이 성동자 마을의 한 집에서 태어 났는데 보는 사람이 봉(鳳)으로 잘못 알았다.

재위 56년 을해년(단기 668년, BC 1,666년)에 사방으로 관리를 보내 호구를 조사하니 모두 1억8천만명 이었다(당시의 중국 만주 몽고 한반도의 인구 통계인 듯 함)

재위 60년 기묘년(단기 672년, BC 1,662년)에 고불단군 붕어하고 대음이 즉위 하였다.

***15세 대음단군;재위 51년**(원년;경진년;단기 673년, BC 1,661년)

이해에 상나라왕 소갑(7세왕)이 사신을 보내 화친을 청하였다.

또 이해에 세제를 개혁하여 80분의 1세법으로 고쳤다.

재위 2년 신사년(단기 674년, BC 1,660년)에 홍수가 크게 나서 민가에 많은 피해를 주었다. 임금께서 매우 안타깝게 여겨 곡식을 창해(발해만 창주지역)의 사수(蛇水) 땅으로 옮겨 백성에게 균등하게 나누어 주었다.

겨울 10월에 양운 수밀이국 두나라 사람이 와서 방물을 바쳤다.

재위 10년 기축년(단기 682년, BC 1,652년)에 서쪽의 약수(감숙성 장액현)에 순행하여 신지 우속에게 명하여 철과 금 기름을 채취하게 하였다.

7월에 우루사람 20가구가 투항하여 오므로 염수(요하상류 파림좌기;후일 요나라 수도 상경성 일대) 근처의 땅에 정착하게 하였다.

재위 28년 정미년(단기 700년, BC 1,634년)에 임금께서 태백산(백두산)에 올라 옛 성조들과 여러 제후국 왕의 공적을 새긴 비석을 세웠다.

재위 40년 기미년(단기 712년,BC 1,622년)에 왕의 아우 대심(代心)을 남선비국의 대인으로 봉하였다.

재위 51년 경오년(단기 723년, BC 1,611년)에 대음단군 붕어하고 우가 출신 위나가 즉위 하였다.

***16세 위나단군;재위 58년(원년;신미년;단기 724년, BC 1,610년)**

재위 28년 무술년(단기 751년,BC 1,583년)에 임금께서 구환족의 모든왕을 영고탑에 모이게 하여 천신(하느님)께 천제를 지낼때 환인천제 환웅천황 치우천황 단군왕검을 배향하였다.

영고탑은 영고제를 지내던 터와 단을 가리키며 소도 제천단이 있던 곳을 의미한다. 또 영고탑은 구성과 신성이 있는데 구성은 흑룡강성 해림시 장정진과 영안시 고성촌이고 신성은 청나라 강희 5년(AD 1,666년)에 요령성 신빈현 소자하 상류로 옮겼다.

영고제는 하늘을 공경하고(敬天;경천) 조상을 받들며(崇祖;숭조) 근본에 은혜를 갚고(報本;보본) 임금과 백성이 함께 즐기고(君民共樂;군민공락) 민족이 함께 뭉치기(民族團結;민족단결)를 삼신상제(삼신하느님)께 기원하는 뜻 깊은 나라의 행사(國中行事;국중행사)로 제를 마치고는 축제를 벌였다.

단군께서는 축제를 지낸후 5일간 큰 연회를 베풀어 백성과 함께 불을 밝히고 밤을 세워 천부경을 노래하고 마당 밟기를 하였다.

한쪽에 횃불을 줄지어 밝히고 다른 쪽에서 둥글게 춤을 추며(환무;일종의 강강수월레와 같음) 애환가(환화를 사랑하는 노래)를 불렀다.

애환가는 고 신가(古 神歌)의 한 종류이다.

옛 사람들은 환화를 이름 짓지 아니하고 그냥 꽃이라 하였다.

재위 58년 무진년(단기 781년,BC 1,553년)에 위나단군 붕어하고 태자 여을이 즉위 하였다.

***17세 여을단군;재위 68년**(원년;기사년;단기 782년, BC 1,552년)

재위 52년 경신년(단기 833년, BC 1,501년)에 임금께서 오가와 함께 두루 나라를 순수하였다.

개사성 부근에 이르자 푸른 도포를 입은 노인이 찬미하는 노래를 지어 바쳤다.

이에 임금께서 짐의 덕 닦음이 일천하여 바라는 바에 보답하지 못할까 두렵도다 하였다.

이때의 임금은 백성의 대표(五加;오가)에 의하여 선출 되었으며 재난이나 재해시에는 백성에 대한 구휼의 책임도 함께 지고 있었다.

재위 68년 병자년(단기 849년,BC 1,485년)에 여을단군 붕어하고 태자 동엄이 즉위 하였다.

***18세 동엄단군;재위 49년**(원년;정축년;단기 850년, BC 1,484년)

재위 20년 병신년(단기 869년,BC 1,465년)에 지백특(티베트)사람이 방물을 바쳤다.

재위 49년 을축년(단기 898년,BC 1,436년)에 동엄단군 붕어하고 태자 구모소가 즉위 하였다.

***19세 구모소단군;재위;55년(원년;병인년;단기 899년, BC 1,435년)**

재위 24년 기축년(단기 922년, BC 1,412년)에 남상(베트남)인이 입조하였다.

재위 54년 기미년(단기 952년, BC 1,382년)에 지리숙이 주천력(周天曆;별의 괘도를 관측하여 만든 달력)과 8괘 상중론(八卦 相重論)을 지었다.

태호 복희씨가 처음으로 8괘를 그어 신교 역철학의 시조가 된 후 주나라 문왕과 주공을 거처 공자에 이르러 그 체계가 정립된 것으로 되어 있으나 주나라 이전 상(은) 나라시대인 고조선 때에 이미 팔괘에 대한 체계적인 연구가 있었음을 볼 수 있다.

재위 55년 경술년에 구모소단군 붕어하고 우가출신 고홀이 즉위 하였다.

***20세 고홀단군;재위 43년(원년;신유년;단기 954년, BC 1,380년)**

재위 11년 신미년(단기 964년, BC 1,370년) 가을에 태양이 무지개를 꿰 뚫었다.

재위 36년 병신년(단기 989년, BC 1,345년)에 영고탑(삼신 영고제를 올리는 소도 제천단이 있던곳;뒤에 대진 5경중의 하나가 되었슴)을 개축하고 별궁을 지었다.

재위 40년 경자년(단기 993년, BC 1,341년)에 공공인 공홀(工忽)이 구환 지도(바이칼호 동쪽으로 부터 양자강이 남방 한계선이고 몽골 티베트까지 이어지는 엄청난 구역이었을 것임)를 만들어 바쳤다.

재위 43년 계묘년(단기 996년,BC 1,338년)에 사해(四海)가 평안하지 못할 때 고홀단군 붕어하고 태자 소태가 즉위 하였다.

***21세 소태단군;재위;52년**(원년;갑진년;단기 997년, BC 1,337년)

이해에 상(은)나라왕 소울(21세왕)이 사신을 보내 조공을 바쳤다. 재위 47년 경인년(단기 1,043년, BC 1,291년)에 상나라왕 무정(22세왕)이 전쟁을 일으켜 귀방(산서성 북쪽 내몽골 음산산맥 일대)을 물리치고 나서 다시 대군을 이끌고 삭도(산동성 임치현)와 영지(하북성 천안현 서쪽)등 여러 나라를 침공하다가 우리 군사에게 대패하여 화친을 청하고 조공을 바쳤다.

재위 49년 임진년(단기 1,045년, BC 1,289년)에 개사원 욕살 고등(22세 색불루단군의 할아버지)이 몰래 군사를 이끌고 귀방을 공격하여 멸망시키자 일군 양운 두나라가 사신을 보내 조공을 바쳤다.

이때 고등이 대군을 장악하고 서북지방을 경략하니 세력이 더욱 강성해 졌다. 고등이 임금께 사람을 보내 우현왕이 되기를 주청하였다.좌 우 현왕 제도는 천자를 좌 우에서 보필하는 제도이다.

고조선 초기의 국가 통치 제도는 진한의 천왕(대단군)을 중심으로 번한왕과 마한왕을 부단군이라 하여 좌 우에서 각기 보좌하는 비왕 제도였다. 또 삼한에도 각기 비왕을 두었는데 이를 좌 우현왕이라 하였다.

비왕 제도는 이미 배달국 시대에 시작된 것으로 초대 단군왕검께서도 14세에 대읍국의 비왕이 되어 섭정한 바 있다.

이때 임금께서 꺼리며 윤허하지 않다가 고등이 거듭 요청하므로 우현왕으로 윤허하여 두막루라 불렀다.

재위 52년 을미년(단기 1,048년, BC 1,286년)에 우현왕 고등이 흉서하고 손자 색불루(索弗婁)가 우현왕을 계승하였다.

임금께서 나라를 순수하다가 남쪽 해성(海城)에 이르러 부 로(父 老)들을 크게 모아 하늘에 제사 지내고 노래와 춤을 즐겼다.

이때 오가(五加)를 모아 놓고 옥좌를 양위할 일을 함께 논의 할 때 내가 이미 늙어 일하기가 고달프다 라고 말씀하시며 서우여(徐于餘;해성 욕살)에게 정사를 맡기겠노라 하였다.

이에 임금께서 서우여에게 제위를 선양하려고 살수(요동반도 개평현 주남하) 주위의 땅 백리를 봉하여 섭주(단군을 대행하는 사람)로 삼고 기수(奇首;섭주의 보직명)라 하였다.

우현왕(색불루)이 그 소식을 듣고 임금께 사람을 보내 멈추기를 강력히 청하였으나 임금께서 끝내 듣지 않으므로 우현왕(색불루)이 좌 우의 사람들과 사냥꾼 수천 명을 이끌고 부여 신궁(단군조선의 두번째 도읍지인 백악산 아사달 ;길림성 장춘 녹산)에서 단군으로 즉위 하였다.

이에 임금(소태단군)께서 부득히 옥책(玉冊)과 국보(國寶)를 우현왕(색불루)에게 전하고 서우여를 폐하여 서인으로 만들었다.

임금께서는 아사달에 은거하여 최후를 마쳤다.

이에 서우여는 몰래 좌원으로 돌아가 주위의 수천 명과 모의하여 거병 하였다.

그후 색불루단군이 친히 삼한의 군대를 거느리고 토벌하려 할 때 먼저 사람을 서우여에게 보내 항복을 권하고 비왕으로 봉할 것을 약속하였다.

서우여가 이를 따르자 30세 번한왕으로 임명하여 번조선을 다스리게 하였다.

***22세 색불루단군;재위 48년**(원년;병진년;단기 1,049년, BC 1,285년)

재위 원년에 임금께서 녹산(단군조선의 두번째 도읍지인 백악산 아사달)에 성을 개축하고 관제를 개혁하였다.

삼한(三韓;세 사람의 왕)을 고쳐 삼조선(三朝鮮)이라 하였는데 조선은 관경(영토 관할) 을 말한다.

정치는 천왕(대단군)을 경유하여 삼한(三汗)이 모두 하나로 통일되어 명령을 받았다.

여원흥을 마한왕(20세왕)으로 삼아 막조선을 다스리게 하였고 서우여를 번한왕(30세왕)으로 삼아 번조선을 다스리게 하였다.

이것을 총칭하여 단군 관경이라 하니 이것이 곧 진국(辰國)이다. 역사에서 일컫는 단군조선이란 바로 이것을 말하는 것이다.

가을 9월에 장당경에 종묘(宗廟)를 세우고 고등왕(색불루 단군의 할아버지)에게 제사를 지냈다.

11월에 친히 구환의 군사를 이끌고 여러 차례 전투를 벌여 은나라 수도를 함락하고 잠시 강화 하였으나 또 다시 싸워 크게 격파 하였다.

이듬해 2월에 황하 상류까지 추격하여 대첩의 하례를 받고 회수와 태산지역에 번한의 백성을 이주시켜 가축을 기르고 농사를 짓게하여 국위를 크게 떨쳤다.

재위 4년 기해년(단기 1,052년, BC 1,282년)에 칙서를 내려 천신(하느님)을 잘 받들도록하고 예의와 누에치기 베짜기 활쏘기 글 등을 가르쳤으며 백성들을 위하여 8조 금범(八條 禁法)을 시행하였는데 그 내용은 다음과 같다.

8조 금법(八條 禁法)

1조 살인을 한 자는 즉시 사형에 처한다
2조 상해를 입힌 자는 곡식으로 보상한다
3조 도둑질한 자 중에 남자는 그 집의 노(奴;남자종) 여자는 비(婢;여자종)로 삼는다
4조 소도를 훼손한 자는 금고형에 처한다
5조 예의를 잃은 자는 군에 복역 시킨다
6조 게으른 자는 부역에 동원 시킨다
7조 음란한 자는 태형으로 다스린다
8조 남을 속인 자는 잘 타일러서 방면한다.

자신의 잘못을 속죄한 자(금전으로 50만전 납부)는 비록 죄를 면해 공민이 될수는 있었지만 당시 풍속이 이것을 수치스럽게 여겨 시집 장가를 갈 수가 없었다.

이리하여 백성이 마침내 도둑질 하지 않았고 문을 닫고 사는

일이 없었으며 부인은 정숙하여 음란하지 않았다.

전야와 도읍을 개간하고 음식을 그릇에 담아서 먹었으며 어질고 겸양하는 교화가 이루어 졌다.

또 상고 시대에는 국법보다 부락 공동체의 사회 규범이 강해서 법이 없어도 사회 질서가 잘 유지 되었다.

후대의 중국 사가들은 삼국지 위지동이전 등의 사서에서 기자가 조선에 와서 8조 금법을 정했다고 날조하였다.

재위 6년 신축년(단기 1,054년, Bc 1,280년)에 신지 육우가 주청하기를 아사달은 천년 제업의 땅이나 대운이 이미 다하였고 영고탑은 왕기가 농후하여 백악산 보다 나으니 청하옵건데 그곳에 성을 쌓고 천도 하옵소서 하니 임금께서 윤허하지 않고 말씀 하시기를 새 수도에 이미 기틀을 잡았거늘 어찌 다시 다른 곳으로 옮기 리오 하였다.

재위 20년 을묘년(단기 1,069년, BC 1,266년)에 이르러 람국(藍國; 단군조선의 제후국으로 치우천왕의 후예인 람이가 세운 나라)이 자못 강성하여 고죽국(孤竹國) 왕과 더불어 모든 도적을 쫓아 버렸다.

남쪽으로 옮겨 엄독홀(산동성 곡부)에 이르러 머무르니 그곳은 은나라 국경과 가까운 곳이었다.

임금께서 람국인 여파달로 하여금 병력을 나누어 빈 기(주나라의 조상 고공단보가 거주하던 곳) 땅으로 진격하게 하고 그곳의 유민과 서로 단합하여 나라를 세워 이름을 여(黎)라 하였다.

"여"는 신시 배달 13세 사와라 환웅때 웅녀군(熊女君)의 후예를

"여"라 하였는데 구려(九黎)는 여씨 구인을 말하며 배달 14세 치우천황의 무리를 말한다.

치우천황때 청동기를 사용한 우리나라는 그것을 구리(구려)라 불렀는데 동(銅)을 구리라 부르는 것은 우연이 아닌 듯 하다.

구려(九黎)는 구이(九夷) 또는 구환(九桓)이라고 불렀으며 고구려(고려, 고리)의 어원이 되었다.

임금께서는 이들 여족(黎族)을 서쪽 융족(西戎;서융)과 더불어 은나라의 제후국들 안에 뒤썩여 살게 하였다.

람국의 위세가 매우 강성해지고 임금의 덕화가 멀리 항산(산서성 혼원현) 이남의 땅까지 미쳤다.

재위 36년 신미년(단기 1,084년, BC 1,250년)에 변방 장수 신독이 난을 일으켜 임금께서 잠시 영고탑(흑룡강성 해림시)으로 피신하니 많은 백성이 뒤를 따랐다.

재위 48년 계미년에 색불루단군 붕어하고 태자 아홀이 즉위하였다.

*23세 아홀단군;재위 76년(원년;갑신년;단기 1,097년, BC 1,237년)

원년에 아우 고불가에게 명하여 낙랑홀(단군조선의 제후국;북경서쪽 영정하 즉 습수지역)을 다스리게 하고 웅갈손을 보내어 람국왕과 함께 남방을 정벌하는데 군사를 살피게 하였다.

은나라 땅에 여섯읍을 설치할 때 은나라 사람과 다투어 결판이 나지 않으므로 병력을 진군시켜 이를 격파하였다.

그해 7월에 임금께서 신독(색불루 단군때의 반란자)을 베고 환도하여 죄수와 포로를 석방하라 명하였다.

재위 2년 을유년(단기 1,098년, BC 1,236년)에 람국왕 금달이 청구국왕 구려국왕과 함께 주개(周愷)에서 만나 몽고리(몽고)의 군대와 함께 합세하여 이르는 곳마다 은나라의 성책을 부수고 오지 깊숙이 들어 갔다.

빈 기와 회 대 지방 공략도

아홀단군께서 회 대(淮 垈;회수와 태산)의 땅을 평정하고 포고씨를 엄(淹)에 영고씨를 서(徐)에 방고씨를 회(淮;안휘성 회수일대)에 봉하니 이때는 은나라 말기라 사람들이 이것을 보고 겁을 내어 감히 접근하지 못하였다.

서(徐) 나라는 람국의 제후가 회수와 태산지방을 점령하여 회북(淮北) 서주(徐州)에 세운 나라이다.

서국은 점차 강해져서 서언왕(~BC 985년) 때에는 주(周)나라 5세 목왕(BC 1,001년~BC 947년)과 일대 격전을 벌여 주나라의 동쪽 지역을 할양받아 황지(하남성 개봉부) 동쪽에 군림하면서 36개국 제후들로 부터 조공을 받는 대서 제국을 건설하였다.

재위 5년 무자년(단기 1,101년, BC 1,233년)에 임금께서 이한(二韓;번한 마한)과 오가(五加)를 불러 도읍을 영고탑으로 옮기는 일에 대한 논의를 중단시켰다.

재위 76년 기해년(단기 1,172년, BC 1,162년)에 아홀단군 붕어하고 태자 연나가 즉위 하였다.

***24세 연나단군;재위 11년(원년;경자년;단기 1,173년, BC 1,161년)**

임금께서 숙부 고불가(固弗加;낙랑홀 제후)에게 명하여 섭정을 맡겼다.

재위 2년 신축년(단기 1,174년, BC 1,160년)에 모든왕(諸汗;제한)이 조칙을 받들어 소도를 증설하여 하늘에 제사 지내고 국가에 대사가 있거나 재앙이 있으면 곧 하늘에 기도를 드리고 백성의 뜻을 하나로 모았다.

재위 11년 경술년(단기 1,183년,BC 1,151년)에 연나단군 붕어하고 태자 솔라가 즉위 하였다.

***25세 솔라단군;재위 88년**(원년;신해년;단기 1,184년, BC 1,150년)

재위 37년 정해년(단기 1,220년, BC 1,114년)에 **기자**(箕子)가 서화(西華;하남성 개봉부 남쪽)에 옮겨가 있었는데 일체 인사를 받는 일도 사절하였다.

재위 48년 정유년(단기 1,230년, BC 1,104년)에 임금께서 상소도에서 고례(古禮)를 강론 하시다가 아첨하는 신하(영신)와 곧은 신하(직신)의 차이를 물으셨다.

삼랑(三郎) 홍운성(洪雲性)이 나아가 아뢰었다. 올바른 이치를 굳게 지켜 굽히지 않는 자는 직신이요 권위를 두려워하여 자기의 뜻을 굽혀 복종하는 자는 영신입니다.

임금은 근원이요 신하는 지류이니 근원이 이미 탁하거늘 지류가 맑기를 바란다면 이는 옳지 않습니다.

그러므로 군왕이 성군이라야 신하가 올곧은 신하가 되는 것입니다 라고 하니 임금께서 그대의 말이 옳도다 하였다.

재위 88년 무인년(단기 1,271년, BC 1,063년)에 솔라단군 붕어하고 태자 추로가 즉위 하였다.

【기자조선 고;箕子朝鮮 考】

기자는 은나라 왕실 출신의 제후로 성은 자(子)요 이름은 서여

(胥餘) 또는 수유(須臾)이다.

기(箕)는 나라이름이고 자(子)는 작위명이다.

즉 기자는 은나라 직할지 제후국인 기국의 왕이란 뜻이다.

은나라 폭군 주(紂)왕이 포악하여 살생을 서슴치 않으므로 기자가 목숨을 보존하기 위하여 거짓으로 미친체 하며 종처럼 지내니 주왕이 기자를 감옥에 가두어 버렸다.

주나라 무왕은 은나라를 멸망시킨후 은나라의 3현(三賢;기자;주왕의 친척 미자;주왕의 서형 비간;주왕의 숙부) 중의 한 사람인 기자를 석방하고 왕도 정치에 대한 자문을 구하였다.

이에 기자는 주 무왕에게 "홍범구주"를 강설하고 이신벌군(以臣伐君)의 부당성을 지적하였다.

또 주 무왕이 수두교(신교)의 삼신사상을 부정하고 이를 압박하므로 기자는 수두교의 모국인 하북성 태항산 서쪽 부근의 조선 땅으로 무리 5천여명과 함께 피신하여 버렸다.

수도교는 하북 산동 하남 안휘 강소 등지에 널리 퍼져 있었고 하 상 시대에는 매우 신봉하였다.

기자의 무리 5천여명은 태항산 부근의 난하 서쪽 땅에 그대로 망명 정착하여 번조선의 작은 제후국(수유국)으로 남아 있었다.

그후 먼 뒷날 기원전 300년경 연나라가 장수 진개에 의하여 통일되고 중앙집권적인 군 현제가 실시되자 그 지역에서 더 이상 거주 할 수 없게 되어 난하 서쪽을 버리고 난하 동쪽으로 이동하여 다시 정착하였다.

기원전 339년 연나라가 번조선의 도성인 안덕향을 공격하고 나아가 험독(하북성 창려현)까지 쳐들어 왔을때 수유의 장수 기후(기자의 먼 36세 후손)가 장정 오천명을 거느리고 와서 번조선을 도와 전세를 조금 진작시켰다.

번조선 69세 수한왕이 죽고 후사가 없어 수유의 장수 기후가 군령을 대행하였다.

기원전 323년 진조선 46세 보을단군 19년 정월에 읍차 기후가 병사를 이끌고 번조선 궁에 진입하여 스스로 번조선왕이 되고 사람을 보내 윤허를 청하였다.

이에 보을단군이 연나라와의 전쟁에서 기후가 기여한 공을 인정하여 70세 번한왕으로 임명하고 연나라의 공격에 대비하게 하였다.

그후 기원전 194년 번조선 75세 기준왕(기자의 41세 후손) 때에 서한의 망명객 위만에게 나라를 빼았길 때 까지 번조선의 기씨 정권은 130년간 유지 되었다.

이렇듯 번조선의 기씨 정권은 기자가 망명해온 800년 뒤에 기자의 먼 36세 후손에 의해 탄생하였던 것이다.

따라서 조선후 기자라는 용어는 조선의 제후 기자라는 뜻인데 기자는 조선에 와서 임금 노릇을 한 일이 없을 뿐만 아니라 기자조선이라는 나라는 존재하지도 않았던 나라였는데 조선후 기자라니 이는 심히 부당한 이름이다.

진나라 이전 문헌에는 기자국이나 기자 조선이라는 자체가 전혀 언급된 것이 없으나 기자가 죽은 후 일천년이나 지난 서한때 90세가 넘은 복생(伏生)에 의해 구술되었다는 "상서대전"에 처음 나타나기 때문이다.

단군세기에는 기원전 1,122년 은나라가 망한 후 그 3년이 지난 1,120년에 기자가 하북성 태항산 서쪽 부근에 망명해와 살다가 기원전 1,114년에 다시 서화(하남성 개봉부 남쪽)로 옮겨 살면서 인사를 일절 사절하였다 라고 하여 기자조선을 강력히 부인하고 있다. 기자 독서대가 하남성 서화에 있고 기자의 묘는 산동성 조현에 있다. 하남성에 살다가 산동성에서 죽은 기자가 평양에 와서 왕노릇을 하고 평양에서 죽었다고 평양에 기자의 무덤까지 만들었던 고려 조선의 사대 주의자들을 현대의 우리는 이를 어떻게 수용해야 할 것인가.

주나라 무왕이 기원전 1,120년에 기자를 조선후에 봉하였으나 신하로 삼지는 않았다는 사기의 기록은 중국이 조선을 지배한 것처럼 꾸미기 위하여 사마천이 조작한 것이다.

주나라가 봉한 왕이라면 당연히 주나라의 신하가 되는 것인데 신하로 삼지 않았다는 것은 기자가 주나라의 관경안을 벗어나 조선으로 떠나 버렸기 때문에 애초부터 기자에게 조선후로 봉할 수도 없었고 또 신하로 삼을 수도 없었다.

이는 당나라와 일제에 의하여 조작된 한나라 낙랑군의 한반도 평양 위치 설(한사군 위치)과 임라 일본부 설과 함께 한 중 일 고대 동양역사의 3대 조작극인 것이다.

중국의 주은래 전 수상도 기자를 조선왕에 봉했다는 것은 조작한 역사라고 인정한바 있다.

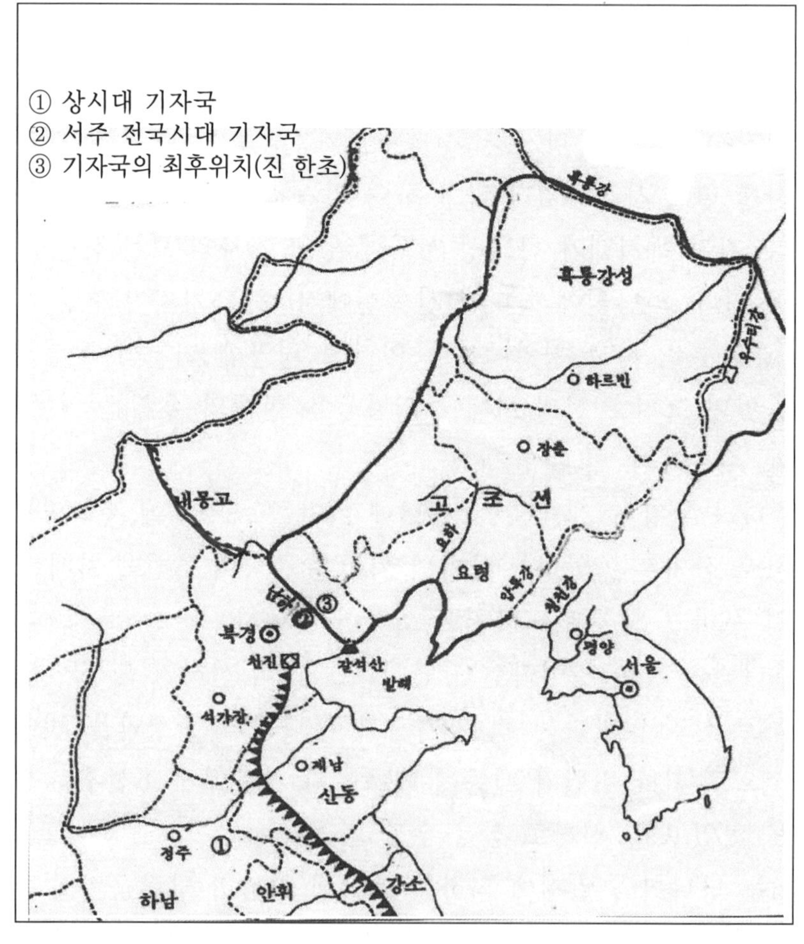

기자국의 이동도

***26세 추로단군;재위 65년**(원년;기묘년;단기 1,272년, BC 1,062년)

재위 65년 계미년(단기 1,336년,BC 998년)에 추로단군 붕어하고 태자 두밀이 즉위 하였다.

***27세 두밀단군;재위 26년**(원년;갑신년;단기 1,337년, BC 997년)

이해에 천해(바이칼호)의 물이 넘치고 사아란산(바이칼호수 옆에 있는 사얀산맥)이 무너졌다.

또 이해에 수밀이국 양운국 구다천국이 모두 사신을 보내 조공을 바쳤다.

재위 8년 신묘년(단기 1344년, BC 990년)에 심한 가뭄이 든 뒤 큰 비가 내려 백성들이 곡식을 거두어 들이지 못하였다. 임금께서 곡물 창고를 열어 고루 나누어 주게 하였다.

재위 26년 기유년(단기 1,362년,BC 972년)에 두밀단군 붕어하고 태자 해모가 즉위 하였다.

***28세 해모단군;재위 28년**(원년;경신년;단기 1,363년, BC 971년)

재위 18년 정묘년(단기 1,380년,BC 954년)에 빙해지역(바이칼호를 비롯한 시베리아지역)의 여러 한(汗)이 사신을 보내 조공을 바쳤다.

재위 28년 정축년(단기 1,390년,BC 944년)에 해모단군 붕어하고 태자 마휴가 즉위 하였다.

***29세 마휴단군;재위 34년**(원년;무인년;단기 1,391년, BC 943년)

이해에 주나라 사람이 공물을 바쳤다.

재위 8년 을유년(단기 1,398년,BC 936년) 여름에 지진이 있었다.

재위 9년 병술년(단기 1,399년,BC 935년)에 남해의 조수가 석자나 후퇴했다.

재위 34년 신해년(단기 1,424년,BC 910년)에 마휴단군 붕어하고 태자 내휴가 즉위 하였다.

***30세 내휴단군;재위 35(원년;임자년;단기 1,425년, BC 909년)**

이해에 임금께서 남쪽으로 순수하여 청구(靑邱)의 정치 상황을 돌아 보고 돌에 치우천황의 공덕을 새겼다.

서쪽으로 엄독홀(산동성 곡부)에 이르러 분조(分朝)의 모든 왕을 열병한 후 하늘에 제사 지내고 주(周) 나라와 수교를 하였다.

재위 5년 병진년(단기 1,429년,BC 905년)에 흉노(匈奴)가 공물을 바쳤다.

재위 35년 병술년(단기 1,459년,BC 875년)에 내휴단군 붕어하고 태자 등올이 즉위 하였다.

***31세 등올단군;재위 25(원년;정해년;단기 1,460년, BC 874년)**

재위 10년 병신년(단기 1,469년, BC 865년)에 한수(漢水;대릉하) 사람 왕문(王文)이 이두법(吏讀法)을 만들어 올리니 임금께서 매우 기뻐하시고 삼한에 명하여 시행케 하였다.

이두법은 일반적으로 한자를 국어의 문장 구성법에 따라 고치고 이에 토를 붙인 것인데 지금까지는 신라말 설총이 만든 것으로 되어 있으나 실재는 이보다 1,600년 앞선(BC 865년) 단군조선

때 만들어져 보급되었다.

북한산에 있는 진흥왕 순수비에도 이두가 나오는데(진흥왕 29년 AD 568년) 이것은 설총 이전에 이미 이두문이 쓰였다는 증거이다

이두문은 소리 대로 쓴 것이 많아 고대의 국문이었다.

그런데 국문인 이두문이 일천여년 동안 쓰였으되 발전을 하지 못한 것은 국론 분열에 따라 적국에 대하여 정보를 보호하기 위한 정치상의 이유로 서로 감추고 비장하였기 때문이다.

거란 여진 일본 문자는 이두가 발전한 문자이다.

재위 25년 신해년(단기 1,484년,BC 850년)에 등올단군 붕어하고 아들 추밀이 즉위 하였다.

***32세 추밀단군;재위 30년**(원년;임자년;단기 1,485년, BC 849년)

재위 3년 갑인년(단기 1,487년,BC 847년)에 선비산(선비족의 원거주지;내몽골과 이심우익 서쪽에 있슴;뒤에 고구려 2세 유리명 열제가 선비를 정복하여 속국으로 삼음)의 추장 문고가 공물을 바쳤다.

재위 12년 계해년(단기 1,496년,BC 838년)에 초(楚) 나라 대부 이문기가 조선에 들어와 벼슬을 하였다.

재위 13년 갑자년(단기 1,497년, BC 837년) 3월에 일식이 있었다.

재위 30년 신사년(단기 1,514년,BC 820년)에 추밀단군 붕어하고 감물이 즉위 하였다.

***33세 감물단군;재위 24년**(원년;임자년;단기 1,515년, BC 819년)

재위 2년 계미년(단기 1,516년,BC 818년)에 주나라 사람이 와서

호랑이와 코끼리 가죽을 바쳤다.

재위 7년 무자년(단기 1,521년,BC 813년)에 영고탑 서문밖 감물산 아래에 삼성사(三聖祠;환인 환웅 단군)를 세워 친히 제사지내고 서고(誓告)를 올렸다.

재위 24년 을사년(단기 1,538년,BC 796년)에 감물단군 붕어하고 태자 오루문이 즉위 하였다.

***34세 오루문단군;재위 33년**(원년;병오년;단기 1,539년, BC 795년)

이해에 오곡이 풍성하게 잘익어 모든 백성이 기뻐하며 도리가를 불렀다.

재위 10년 을묘년(단기 1,548년,BC 786년)에 두개의 해가 함께 뜨고 누런 안개가 사방을 덮었다.

재위 23년 무진년(단기 1,561년,BC 773년)에 오루문단군 붕어하고 태자 사벌이 즉위 하였다.

***35세 사벌단군;재위 68년**(원년;기사년;단기 1,562년, BC 772년)

재위 24년 임진년(단기 1,585년, BC 749년)에 홍수가 나서 산이 무너지고 골짜기가 메워졌다.

재위 50년 무오년(단기 1,611년, BC 723년)에 임금께서 장수 "엄파불함"(배반명의 아버지)을 보내어 바다 위의 웅습(일본 큐슈지방에 있는 지명으로 구마소 라고도함)을 평정하였다.

본래 큐슈지방에는 곰이 서식하지 않는데도 구마모토(웅본;熊本) 구마시로(웅성;熊城) 구마가와(웅천;熊川)등 웅(熊)자가 들어간 지명이 많다.

이것은 배달 환웅시대 웅족(熊族)의 토템신앙을 그대로 계승한 단군조선의 부여계가 일본으로 건너가 일본 고대문명을 건설한 역사적 사실을 생생하게 반증하는 것이다.

재위 66년 갑술년(단기 1,627년, BC 707년)에 임금께서 조을(祖乙)을 보내 곧장 연(燕)나라 수도 계성(현 북경)을 진격하니 제(齊)나라 군대와 더불어 산동성 임치(제나라 수도) 남쪽 들판에서 싸워 승리를 거두었다고 고하였다.

재위 68년 병자년(단기 1,629년, BC 705년)에 사벌단군 붕어하고 태자 매륵이 즉위 하였다.

***36세 매륵단군;재위 58년**(원년;정축년;단기 1,630년, BC 704년)

재위 28년 갑진년(단기 1,657년, BC 677년)에 지진 해일이 일어났다.

재위 38년 갑인년(단기 1,667년, BC 667년)에 협야후 배반명을 보내 전선 500척을 거느리고 해도를 거쳐가서 왜인의 반란을 평정하게 하였다.

BC 667년은 일본서기에 진무왕(神武王;일본의 초대 천왕)이 등장하는 해이고 협야후 배반명(엄파불함의 아들)은 일본서기에 나오는 진무왕 즉 스사노오 노미코토(협야존)이다.

12월에 삼도(일본을 구성하는 세 섬;혼슈 시코쿠 큐슈)를 평정하였다.

이 진무왕(협야존)에 대해 일본서기는 큐슈의 일향에서 출발하여 고대 일본의 심장부였던 기내지방(교토 나라인근)의 야마토(大

和) 지역을 평정하고 BC 660년에 천왕으로 등극한 인물이다.

일본의 사서가 말하는 "진무왕의 천왕 등극사건"과 우리 사서가 말하는 배반명의 "천왕 참칭사건"은 그 내용도 유사하고 그 시기도 7년 밖에 차이가 나지 않는다. 두 기록은 동일사건의 서로 다른 기록인 것이다.

그후 주몽을 도와 고구려를 세운 건국공신인 협보가 뒷날 구마모토(웅본)에 진출하여 다라국을 세웠다.

또 선비족 모용외에게 패한(AD 285년) 연나부 부여(서부여;망명부여)의 의려왕과 그 아들 의라가 무리 수천명을 거느리고 바다를 건너가 일본을 정복하고 왕이 되었다.

의라는 곧 일본서기에 나오는 15대 응신왕으로 일본 최초의 통일왕조인 야마토(大和) 왜를 건설하였다.

이사건 또한 응신왕 즉위년도(AD 286년)와 1년 밖에 차이가 나지 않는다.

고조선 사람에 의해 비로소 천왕이 다스리는 왕조가 시작된 일본은 고조선이 망한 후에도 이 땅에서 건너간 한 민족에게서 역사발전의 영양분을 공급받았다.

재위 52년 무진년(단기 1,681년, BC 653년)에 임금께서 불리지국 병력을 보내 수유국(기자의 후손이 세운 나라) 군대 고죽국 군대와 더불어 연(燕)나라와 진(晉) 나라를 정벌하자 연나라와 진나라 사람들이 제(齊) 나라에 위급을 알렸다.

이에 제나라 사람들이 대거 고죽(孤竹)으로 쳐들어 오다가 아군의 복병을 만나 전세가 불리하자 화친을 구하고 물러갔다.

재위 58년 갑술년(단기 1,687년, BC 647년)에 매륵단군 붕어하고 태자 마물이 즉위 하였다.

◇동방 조선족의 국통(國統)을 어지럽힌 고질적인 중국의 사필정신◇

『36세 매륵단군 52년조와 동일한 기록이 사천마의 사기 제 태공세가 환공 23년조와 연 소공세가 장공 27년조에 보인다.

제 태공세가에는 산융(山戎)이 연나라를 치자 연나라가 위급함을 제나라에 알렸다. 제나라 환공이 연나라를 구하고자 드디어 산융을 치려고 고죽까지 이르렀다가 돌아갔다 라고 하였다.

이처럼 사기에는 연 제와 산융의 전쟁이라고 기록해 놓았지만 일찌기 신채호는 조선 상고사에서 이를 단군 조선과의 전쟁이라고 하였다.

사기 봉선서에는 제 환공이 말하기를 과인이 북쪽으로 산융을 치러 갈때 고죽을 지나 갔다라고 하였다. 여기서 산융은 우리 단군조선을 말한다.

고조선을 비하하고 국력의 강성함을 은폐하기 위하여 나라 이름을 산융(산속에 사는 오랑케)이라고 조작한 것이다.

우리는 이 기록에서도 고조선의 존재를 의도적으로 숨겨 국통을 어지럽게 만들고 그 맥을 끊어 놓고자한 사마천의 간교한 역사 왜곡 형태를 역력히 볼 수 있다.

그러나 이 전쟁을 마지막으로 고조선의 중원 지배력은 크게 약화 되기 시작하였다.

제나라의 어진 제상 "관중"과 명장 "성보"가 "동이족을 몰아 내고 주나라 왕실을 보존하자"는 이른바 "존왕양이(尊王攘夷)"라는 기치를 내걸고 주나라의 제후들을 규합하여 고조선에 집단 대항한 것이다. 이 사건은 기존의 한 중 관계가 뒤바뀌어 훗날 중화주의가 출현하는 계기가 되었다.

춘추좌전에 따르면 이후 주나라 제후국들과 대치하던 수(遂) 서(徐) 래(萊) 모(牟) 서(舒) 등 동이열국(고조선의 제후국)들이 잇달아 자취를 감추고 고조선의 서토(西土)세력권은 회이(淮夷)가 거주하는 회수일대로 크게 줄어 들고 말았다.

이와 반대로 한족(漢族)은 일진 일퇴의 격전을 치르며 고조선의 중심 질서에서 차츰 이탈하여 독립하는 한편 동방 조선족의 우수한 문화유산을 흡수하여 자신들의 문화적 역항을 크게 도약시키는 계기를 만들었다.』

***37세 마물단군;** 을해년(단기 1,688년,BC 646년)에 즉위하여 56년간 재위하다 경오년(단기 1,743년,BC 591년)에 붕어하고 태자 다물이 즉위 하였다.

***38세 다물단군;** 신미년(단기 1,744년,BC 590년)에 즉위하여 45년간 재위하다 을묘년(단기 1,788년, BC 546년)에 붕어하고 태자 두홀이 즉위 하였다.

***39세 두홀단군;** 병진년(단기 1,789년,BC 545년)에 즉위하여 36년

간 재위하다 신묘년(단기 1,824년, BC 510년)에 붕어하고 태자 달음이 즉위 하였다.

***40세 달음단군;** 임진년(단기 1,825년, BC 509년)에 즉위하여 18년간 재위하다 기유년(단기 1,842년, BC 492년)에 붕어하고 태자 음차가 즉위 하였다.

***41세 음차단군;** 경술년(단기 1,843년, BC 491년)에 즉위하여 20년간 재위하다 기사년(단기 1,862년,BC 472년)에 붕어하고 태자 을우지가 즉위 하였다.

***42세 을우지단군;** 경오년(단기 1,863년,BC 471년)에 즉위하여 10년간 재위하다 기묘년(단기 1,872년, BC 462년)에 붕어하고 태자 물리가 즉위 하였다.

***43세 물리단군;재위 36년(원년;경진년;단기 1,873년, BC 461년)**

재위 36년 을묘년(단기 1,908년,BC 426년)에 융안(隆安)의 사냥꾼 **우화충**이 스스로 장군이라 칭하고 무리 수만명을 모아 서북의 36군(郡)을 함락시켰다.

임금께서 군사를 보냈으나 이기지 못하였다.

겨울에 이 역적이 도성을 포위하고 급히 공격하므로 임금께서 좌우 궁인과 더불어 종묘와 사직의 신주(위패)를 받들고 배를 타고 내려가다가 해두(흑룡강 송화강 압록강 모두 해두라 하나 여기서는 정확히 알수 없슴)에 이르렀는데 얼마 있지 않아 붕어하였다.

이해에 백민성(장백산 남쪽지역) 욕살 구물이 천명(天命)을 받들어 병사를 일으켜 먼저 장당경(진조선의 세번째 도읍지인 요령성 개원)을 점령하자 아홉지역의 군사가 추종하고 동 서 압록(동압록;현재의 압록강 서압록;현재의 요하)의 열여덟 성(城)이 모두 군사를 보내 원조하였다.

◇고조선의 쇠퇴원인과 우화충의 반역사건◇

『단군조선은 어떻게 이천여년간의 장구한 역사를 유지했으며 왜 갑자기 쇠퇴의 길을 걷게 되었을까?

그 해답은 6세 달문단군 때 신지 발리가 지은 서효사(일명 신지비사)에 함축되어 있다.

단군조선은 신지비사의 핵심내용인 신교(神敎)의 삼신(三神) 사상에 기초하여 설립된 삼한 관경제(진한 번한 마한)를 시행하고 삼경(三京;소밀랑 안덕향 백아강) 제도의 균형을 유지 함으로써 한민족 역사상 최대의 전성기를 누렸다.

그러나 이 신지비사에서 이미 경계한 바와 같이 단군조선 말기에 이르러 삼신 사상이 쇠퇴하면서 삼한 관경제가 와해되고 단군조선도 종말을 맞이 하게 된 것이다.

단재 신채호는 천일(天一) 지일(地一) 태일(太一)의 삼신 사상에 의해 보좌역인 번한과 마한이 우주의 주재자인 삼신 상제의 대행자로서 태일에 해당하는 진한(진왕;대단군;천왕)을 받들어 오다가 단군조선 말기에 이르러 삼신 사상이 파탄나자 삼한이 서로 진왕(辰王;대단군)이라 지칭 함으로써 단군조선의 삼한 관경제가 동시에 붕괴 되었다고 주장한다.

이러한 내부 분열과 대립 때문에 결국 단군조선은 몰락의 길을 걷게 된 것이다.

그리고 삼신 사상에 기초한 삼한 관경제를 무너뜨린 직접적인 계기가 된 사건이 바로 우화충의 역모 사건이다.

한 민족의 대세를 놓고 볼때 이 우화충의 역모 사건과 단재 신채호가 조선 역사상 일천년 이래 제일 큰 사건이라고 명명한 고려시대 묘청의 난(사대 주의자 김부식 일당에 의해 실패한 묘청의 서경천도 사건)을 계기로 상실한 대륙을 향한 자주독립 정신의 불꽃은 그 명맥이 시들고 마침내 주먹 만한 한반도내에 주저 앉아서 사대 모화의 길을 걷게 된 것이다.』

***44세 구물단군;재위 29년**(원년;병진년;단기 1,909년, BC 425년)

이해 3월 홍수로 도성이 크게 잠기자 역적들이 당황하고 크게 어지러워 졌다.

구물이 병사 일천명을 이끌고 가서 토벌하자 역적들은 싸워 보지도 못하고 스스로 궤멸하였다.

마침내 우화충을 잡아 참수하였다.

이에 구물이 모든 장수의 추대를 받아 3월 16일(대영절)에 단을 쌓아 하늘에 제사 지내고 장당경(藏唐京)에서 즉위 하였다.

서주 무왕이 기자를 조선후에 봉하니 단군왕검은 도읍을 장당경으로 옮겼다는 삼국유사의 기록은 잘못 된 것이다.

서주 무왕이 기자를 조선후에 봉한 해는 기원전 1,120년 이고 구물단군이 장당경으로 도읍을 옮긴 해는 기원전 425년이다.

무려 700년 가까이 햇수가 차이가 나는 것이다.

구물단군께서 국호를 대부여(大夫餘)로 바꾸고 삼한(三韓)을 삼조선(三朝鮮)으로 바꾸었다.

이로부터 삼조선이 비록 대단군을 받들어 한 분이 다스리는 제도는 그대로 유지하였으나 화 전(和 戰)의 권한인 병권(兵權)은 대단군 한 분에게만 있지 않고 삼조선이 각기 행사 할 수 있게 되었다.

삼한이라는 말에는 조정을 나누어 통치(분조관경;分朝管境) 한다는 뜻이고 삼조선이라는 말에는 권력을 나누어 통치(분권관경;分權管境) 한다는 뜻이 있는 제도이다.

구물단군께서는 대부여 구서(九誓)도 반포하였는데 이러하다

1. 부모에게 효도하고 2. 형제 사이 우애 있고
3. 벗에게 믿음 있고 4. 나라에 충성하고
5. 사람에게 공손하고 6. 정사는 바르게 하고
7. 전쟁에서 용감하고 8. 몸 가짐을 청렴하게 하고
9. 직업은 의롭게(바르게) 하라 등이다.

또 7월에 해성을 개축하여 평양이라 부르고 별궁을 지었다.

재위 2년 정사년(단기 1,910년,BC 424년)에 예관이 삼신 영고제를 올리기를 청하니 3월 16일(대영절:삼신 상제를 맞이하는 제천 의식을 올리는 날)이었다.

임금께서 친히 납시어 경배할 때 삼육대례를 행하였다.

재위 17년 임신년(단기 1,925년, BC 409년)에 임금께서 각 주 군

(州 郡)에 감찰관을 보내어 관리와 백성을 규찰하고 효자와 청렴한 선비를 천거하게 하였다.

재위 23년 무인년(단기 1,931년, BC 403년)에 연나라에서 사신을 보내 신년 하례를 올렸다.

재위 29년 갑신년(단기 1,937년, BC 397년)에 구물단군 붕어하고 태자 여루가 즉위 하였다.

고조선 체제의 변화

구분 \ 왕조	제 1 왕조	제 2 왕조	제 3 왕조	비 고
단군명	초대단군왕검	22세 색불루단군	44세 구물단군	총 47세단군
국 명	조선(분조관경)	조선(분조관경)	대부여 (분권관경)	
	삼 한 (진한 번한 마한)	삼 조 선 (진조선 번조선 막조선)	삼 조 선 (진조선 번조선 막조선)	
도읍지	완달산 아사달 (흑룡강성 하얼빈)	백악산 아사달 (길림성 장춘 녹산)	장당경 아사달 (요령성 개원)	
역 년	1,048년 (BC 2,333~ BC 1,286)	860년 (BC 1,285~ BC 426)	188년 (BC 425~ BC 238)	2,096년 (BC 2,333 ~BC 238)

***45세 여루단군;재위 55년**(원년;을유년;단기 1,938년, BC 396년)

이해에 장령(길림성 장춘시 서쪽의 장광 재령) 낭산(요령성 대릉하 상류의 백랑산)에 성을 쌓았다.

재위 17년 신축년(단기 1,954년, BC 380년)에 연나라 사람이 변방을 침범하자 그곳을 지키던 성주 묘장춘이 이를 물리쳤다.

재위 32년 병진년(단기 1,969년, BC 365년)에 연나라 사람들이 이틀 길을 하루에 처들어와 요서(현 난하서쪽)를 함락하고 운장지방을 핍박하였다.

번조선왕이 상장 우문언(于文言)을 명하여 막게하고 진(辰) 막(莫) 두조선도 역시 군대를 보내 구원하였다.

복병을 두고 협공하여 연 제 두나라의 군대를 오도하(五道河;하북성 하간현을 흐르는 강)에서 깨뜨리고 요서지방의 성을 모두 회복하였다.

재위 33년 정사년(단기 1,970년, BC 364년)에 연나라 사람들이 패한 뒤에도 연운도(連雲島)에 주둔하면서 배를 만들어 장차 쳐들어 오려 하였다. 이에 우무언이 추격하여 대파하고 그 장수를 쏘아 죽였다.

재위 47년 신미년(단기 1,984년 BC 350년)에 북막(北漠;몽고 고비사막) 추장 액니거길이 래조(來朝)하여 말 200필을 바치고 함께 연나라를 치자고 청하였다.

이에 번조선 소장 신불사(申不私)로 하여금 병사 일만을 거느리게 하여 연나라의 상곡(북경북쪽;하북성 회래현)어양을 함께 공격하여 함락하고 성읍을 설치 하였다.

재위 54년 무인년(단기 1,991년, BC 343년) 상곡 싸움 이후 연나라가 해마다 쳐들어 오다가 이때에 사신을 보내 강화를 청하자 이를 윤허하고 조양(造陽;북경 북쪽 만리장성 인근)의 서쪽을 경계로 정하였다.

재위 55년 기묘년(단기 1,992년, BC 342년)여름에 큰 가뭄이 들자 임금께서 원통하게 옥살이하는 사람이 있을까 염려하여 대사면을 내리고 친히 납시어 기우제를 지냈다.

9월에 여루단군 붕어하고 태자 보을이 즉위 하였다.

***46세 보을단군;재위 46년**(원년;경진년;단기 1,993년, BC 341년)

이해 12월에 번조선 왕 해인(解仁;일명 산한';68세왕)이 연나라에서 보낸 자객에게 시해를 당하였다. 오가가 서로 권력을 다투었다.

재위 3년 임오년(단기 1,995년,BC 339년)에 연나라가 번조선을 쳐들어 왔다. 이때 수유국의 장수 기후가 먼저 군사 오천명을 거느리고 와서 전쟁을 도와 전세를 조금 진작시켰다.

진조선 막조선도 함께 힘을 모아 이들을 격퇴시켰다.

재위 19년 무술년(단기 2,011년,BC 323년) 정월에 읍차(邑借;작은 고을의 군장) 기후(箕侯;기자의 36세 후손;수유의 군장)가 군사를 이끌고 번조선 궁에 진입하여 스스로 번조선 왕이 되고(70세왕) 사람을 보내 윤허를 청하였다.

임금께서 연나라 격퇴의 공을 인정하여 윤허하고 연나라에 대한 방비를 강화하게 하였다.

재위 38년 정사년(단기 2,030년,BC 304년) 도성(장당경)에 큰 불이 일어나 모두 타 버리자 임금께서 해성(海城)의 별궁으로 피신하였다.

재위 44년 계해년(단기 2,036년, BC 298년)에 북막추장 니사(尼舍)가 음악을 지어 바치니 임금께서 이를 받고 후한 상을 내렸다.

재위 46년 을축년(단기 2,038년, BC 296년)에 한개(韓介)가 수유의 병사를 이끌고 진조선 궁궐을 침범하여 스스로 임금의 자리에 올랐다.

이에 상장군 고열가가 의병을 일으켜 한개를 격파 하였다.

임금께서 환도하고 대사면을 내렸다.

이로부터 나라의 힘이 미약해지고 살림 살이가 넉넉지 못하더니 얼마 있지 않아 보을단군 붕어하고 후사가 없었다.

고열가가 43세 물리단군의 현손(고손자)으로 백성의 공경과 사랑을 받고 또한 공로가 많으므로 드디어 단군으로 추대 받아 즉위 하였다.

***47세 고열가단군;재위 58년(원년;병인년;단기 2,039년, BC 295년)**

재위 14년 기묘년(단기 2,052년, BC 282년)에 임금께서 백악산에 단군왕검의 사당을 세워 유사(有司)로 하여금 계절마다 제사를 지내게 하고 임금께서는 1년에 한번씩 친히 제사를 드렸다.

재위 44년 기유년(단기 2,082년, BC 252년)에 연나라가 사신을 보내 신년 하례를 올렸다.

재위 48년 계축년(단기 2,086년, BC 248년) 10월 초하루에 일식이 있었다.

이해 겨울 북막추장 아리당부가 연나라를 정벌하는데 출병해 주기를 청하였다.

임금께서 응하지 않으니 이후로 조공을 바치지 않았다.

재위 57년 임술년(단기 2,095년, BC 239년) 4월 8일에 해모수가 웅심산으로 내려와 군사를 일으켰다(즉 북부여를 건국함).

해모수의 선조는 고리국(稿離國) 사람이다.

재위 58년 계해년(단기 2,096년,BC 238년) 임금께서는 어질고 인자하나 우유 부단하여 명령이 제대로 이행되지 않을 때가 많았다.

그리하여 여러 장수가 자신들의 용맹만을 믿고 화란을 자주 일으켰다.

나라살림은 더욱 쪼들리고 백성의 기운도 더욱 쇠약해 졌다.

3월 제천행사를 행한날 저녁에 임금께서 오가와 더불어 의논하여 말하였다.

옛날 우리 성조들께서 처음으로 법도를 만들고 국통을 세워 후세에 전하였노라.

덕을 펴심이 넓고도 멀리 미쳐 만세의 법이 되어 왔느니라.

그러나 이제 왕조가 쇠미하여 모든 왕(諸 汗)이 세력을 다투고 있도다.

짐이 덕이 부족하고 나약하여 능히 다스릴 수 없고 이들을 불러 무마시킬 방법도 없으므로 백성이 서로 헤어져 흩어지고 있노라.

너희 오가는 현인을 택하여 단군으로 추천하라 하고 옥문을 크게 열어 사형수 이하 모든 포로를 석방 하였다.

이튿날 임금께서 제위를 버리고 산으로 들어가 수도하여 선인(仙人)이 되었다.

이로서 단군조선(진조선;진한)은 사실상 막을 내려 47세의 왕에 역년은 2,096년이다(BC 2,333년 ~BC 238년).

그후 오가(五加)가 6년(단기 2,096년,BC 238년~단기 2,102년,BC 232년) 동안 국사를 공동으로 집행하다가 이때에 이르러 북부여 해모수단군에게 국권을 넘겨 주었다.

이에 앞서(BC 239) 종실(宗室;진조선은 해씨 성씨 였슴)인 대 해모수께서 수유국(기자 후손의 나라)과 약속하고 옛 도읍지 백악산을 습격하여 점거한 뒤 스스로 천왕랑이라 칭하였다.

사방에서 사람들이 모여 해모수의 명을 따랐다.

이에 해모수께서 모든 장수를 봉하면서 수유후 기비(箕丕)를 번조선왕(74세왕)으로 삼아(BC232년) 상 하 운장(난하 서쪽의 상운장 하운장)을 지키게 하였다.

대개 북부여가 발흥한 것은 이때 부터였다. 그리고 고구려는 해모수가 태어난 고향이므로(고리국) 북부여를 또한 고구려(구려 고리)라 불렀다.

2. 번조선(번한) 세가

1세왕;**치두남**;치우천황의 후예임. 용맹과 지혜가 뛰어나 단군왕검께서 번조선(번한) 왕(부단군)으로 임명하고 우순의 정치를 감독하게 하였다.

험독에 수도를 정하니 지금의 왕험성이다(하북성 개평현 탕지보)

번조선 기씨 정권 말기에 수도를 지금의 하북성 창려현으로 옮겼는데 역시 험독(왕험성)이라 하였다.

경자년(단기 33년,BC 2,301년)에 요수(현 난하) 부근에 12성을 쌓으니 험독 영지 탕지 용도 거용 한성 개평 대방 백제 장령 갈산 여성이 그것이다.

2세왕;낭 야;치두남의 아들, 경인년(단기 83년, BC 2,251년)에 치두남의 서거로 즉위하였다.

이해 3월에 가한성(낭야성)을 쌓아 뜻밖의 사태를 대비하였다.

갑술년(단기 67년,BC 2,267년)에 부루 태자가 단군왕검의 명을 받고 특사로 도산에 갈때 도중에 낭야에 들려 반달 동안 머무르며 백성의 사정을 살폈다.

이때 우순(우나라 순임금)이 사악(四岳;큰산 네 곳을 나누어 관장하는 제후)을 거느리고 와서 치수에 대한 모든 것을 보고 하였다.

번조선왕은 태자의 명을 받고 나라에 크게 경당을 일으키고 아울러 삼신을 태산에서 제사 지내도록 하였다.

이로부터 삼신을 받드는 풍속이 회 대(회수와 태산) 지방 사이에서 크게 행해지게 되었다.

그후 태자가 도산에 도착하여 주장의 자격으로 회의를 주관할 때 번조선왕을 통해 우사공에게 말씀 하셨다.

나는 북극수(水)의 정기를 타고난 사람이다.

너희 임금(순임금)이 나에게 수 토(水 土)를 다스려 백성을 구해 주기를 청하니 삼신 하느님께서 내가 가서 도와 주는 것을 기뻐하시므로 왔노라 하고 천자국의 문자(고조선의 신지문자)로 된 천부(天符)와 왕인(王印)을 보여 주며 말씀 하셨다.

이것을 차면 험한 곳을 다녀도 위험하지 않고 흉한 것을 만나도 피해가 없으리라.

또 신침(神針) 하나가 있으니 능히 물의 깊고 얕음을 측정 할 수 있으며 그 쓰임이 무궁하리라.

또 황구종(皇矩倧) 이란 보물은 모든 험한 물을 진압하여 오래도록 잔잔하게 할 것이니라.

이 세가지 보물(천용 지용 인용;일종의 신물)을 너에게 주노니 천제자(天帝子;하늘의 아들;단군왕검)의 거룩한 말씀을 어기지 말아야 가히 큰 공덕을 이룰 수 있으리라 하셨다.

이에 우 사공이 삼육 구배하고 나아가 아뢰었다. 삼가 천제자의 어명을 잘 받들어 행할 것이요. 또 저희 우순(우나라 순임금)께서 태평스런 정사를 펴시도록 잘 보필하여 삼신 하느님께서 진실로 기뻐 하시도록 지극한 뜻에 보답 하겠사옵니다 하였다.

부루 태자로 부터 금간옥첩(金簡玉牒)을 받으니 "오행치수의 요결" 이었다.

태자께서 구려(九黎;단군 조선의 분조 지역에 살던 동이 한 민족으로 산동성에서 양자강 일대까지 널리 분포하여 살던 배달겨레)를 도산(회계산)에 모아 놓고 우순(虞舜)에게 명하여 조공 바친(虞貢;우공) 사례를 보고 하게 하니 오늘날 이른바 서경의 하서(夏書)에 우공(禹貢)은 우공(虞貢)의 와전이다.

우공(虞貢)은 말 그대로 우(虞) 나라 순(舜) 임금이 종주국인 단군조선에 조공 바친 품목이나 사례 예절을 기록한 책이다.

그러나 지금의 서경에는 하(夏) 나라 우(禹) 임금이 치수에 공이 있다 하여 우(虞)를 우(禹)로 바꾸어 도리어 우(禹) 임금이 백성들에게 거두어 들인 공물의 양이나 종류을 기록한 것으로 둔갑시켜 놓았다.

우 사공이 오행치수법이 적힌 금간옥첩을 받아간 것과 관련된 기록은 오월춘추 역대신선통감 응제신주 세종실록 동국여지승람 동사강목 묵자 등에서 확인된다.

그러나 중국의 오월춘추는 고조선을 현이(玄夷)로 부루 태자를 창수사자(蒼水使者)로 돌려 말하며 현이의 창수사자가 우임금의 꿈에 나타나 비법을 알려 준 것으로 기록하여 고조선에게 도움을 받았음을 은폐하고 중국 스스로 국난을 해결한 것으로 왜곡시켜 놓았다.

천부와 왕인에 대한 기록으로는 신라 박재상의 후예인 영양 박씨 종가에 천부금척지가 보관되어 있었는데 조선조 김시습이 이 책을 보고 기록하여 둔 것이 지금까지 전해 오고 있다.

천부금척(황금자)은 천부경의 묘리를 체득하여 만든 자(尺)로서 하늘의 삼태성(견우성 직녀성 천진성)이 늘어 선 것 같고 머리에는 불 구슬을 물었으며 네마디로 된 다섯치 짜리 자이다.

이로서 산천과 구릉을 재 면 평지를 이루고 물길을 돌릴 수 있으며 병든 자의 몸을 재 면 모든 병을 깨끗이 낫게 할수 있는 천하의 기보였는데 임금성의 부고에 간직되어 있었다고 한다.

이금척이 신라 고려 조선을 거처 구한말 고종황제때 까지 왕실수장고에 보관되어 있다가 어느날 갑자기 없어 졌는데 일설에는 금척이 권총 형태로 모형이 바뀌어 만주 하얼빈 역에서 일본의 이등박문을 저격하는데 사용되었다는 이야기가 전설처럼 전해 오고 있다.

3세왕;물 길;낭야의 아들,계묘년(단기 96년, BC 2,238년)에 즉위함.

4세왕;애 친;물길의 아들,갑오년(단기 147년, BC 2,187년)에 즉위함.

5세왕;도 무;애친의 아들

6세왕;호 갑;도무의 아들,계해년(단기 236년, BC 2,098년)에 즉위함.

정축년(단기 250년, BC 2,084년)에 5세 구을단군께서 순행하시다 송양(강동현의 옛이름)에서 붕어하여 번한왕이 초상을 치르고 군사로 엄히 경계하였다.

7세왕;오 라;호갑의 아들, 6세 달문단군 기축년(단기 262년, BC

2,072년)에 즉위함.

갑오년(단기 267년, BC 2,067년)에 하나라 왕 소강(6세왕)이 사신을 보내 신년 하례를 하였다

8세왕;이 조;오라의 아들, 병술년(단기 319년, BC 2,015년)에 즉위함.

9세왕;거 세;이조의 아우, 9세 아술단군 병인년(단기 359년, BC 1,975년)에 즉위함.

10세왕;자오사;거세의 아들, 신사년(단기 374년, BC 1,960년)에 즉위함.

11세왕;산 신;자오사의 아들, 을미년(단기 388년, BC 1,946년)에 즉위함.

12세왕;계 전;산신의 아들, 무자년(단기 441년, BC 1,893년)에 즉위함.

경인년(단기 443년, BC 1,891년)에 탕지산에 삼신단을 세우고 관가를 옮김. 탕지는 옛날 안덕향이다.

13세왕;백 전;계전의 아들, 정사년(단기 470년, BC 1,864년)에 즉위함.

14세왕;중 전;백전의 둘째 아우, 을미년(단기 508년, BC 1,826년)에 즉위함.

15세왕;소 전;중전의 아들, 신묘년(단기 564년, BC 1,770년)에 즉위함.

갑오년(단기 567년, BC 1,767년)에 장수 치운출을 보내 상의 탕임금을 도와 하나라 걸왕을 정벌하였다.

을미년(단기 568년, BC 1,766년)에 묵태씨(단군조선의 제후국인 고죽국 임금의 성씨)를 보내어 은나라 탕임금의 즉위를 축하 하였다.

16세왕;사 엄;소전의 아들, 갑술년(단기 607년, BC 1,727년)에 즉위함.

17세왕;서 한;사엄의 아우

18세왕;물 가;서한의 아들, 정축년(단기 670년, BC 1,664년)에 즉위함.

19세왕;막 진;물가의 아들,신사년(단기 734년, BC 1,600년)에 즉위함.

20세왕;진 단;막진의 아들,정묘년(단기 780년, BC 1,554년)에 즉위함. 이해에 은나라왕 태무(9세왕)가 방물을 바쳤다.

21세왕;감 정;진단의 아들,계유년(단기 786년, BC 1,548년)에 즉위함.

22세왕;소 밀;감정의 아들,계사년(단기 866년, BC 1,468년)에 은나라가 조공을 바치지 아니하므로 은나라의 수도 북박(하남성 상구현)을 치니 은나라왕 하단갑(12세왕)이 사죄 하였다.

23세왕;사두막;소밀의 아들

24세왕;갑 비;사두막의 계부

25세왕;오립루;갑비의 아들,경신년(단기 893년, BC 1,441년)에 즉위함.

26세왕;서 시;오립루의 아들

27세왕;안 시;서시의 아들,무신년(단기 941년, BC 1,393년)에 즉위함.

28세왕;해모라;안시의 아들,기축년(단기 982년, BC 1,352년)에 즉위하여 그해에 서거함.

29세왕;소 정;진조선(진한)의 우사직에 있었슴. 21세 소태단군 5년(단기 1,001년, BC 1,333년)에 우사직에서 출보시켜 번조선왕으로 임명함.

진한의 개사원 욕살 고등이 늘 소정의 지모가 출중함을 꺼려서 임금께 권하여 출보시킴.

은나라왕 무정이 전쟁을 일으키므로 진한의 우현왕 고등이 상장 서여(西余)와 함께 격파하고 삭도까지 추격하여 약탈한 뒤 돌아옴.

서여가 북박(은나라의 수도;하남성 상구현)을 습격하여 격파하고 군사를 탕지산(번조선의 수도 안덕향)에 주둔 시켰다.

자객을 보내 소정을 죽이고(우현왕 고등이 소정을 시기하고 꺼리므로) 무기와 갑옷을 싣고 돌아 갔다.

30세왕;서우여;22세 색불루단군(고등의 손자)이 서우여(진조선 해성 욕살)를 번조선왕에 임명함.

신축년(단기 1,054년, BC 1,280년)에 은나라왕 무정이 번조선왕을 통해 단군천왕에게 글을 올리고 방물을 바쳤다.

31세왕;아 락;정유년(단기 1,110년, BC 1,224년)에 즉위함.

32세왕;솔 귀;정축년(단기 1,150년, BC 1,184년)에 즉위함.

33세왕;임 나;갑자년(단기 1,197년, BC 1,137년)에 즉위함.

신미년(단기 1,204년,BC 1,130년)에 25세 솔라단군께서 조칙을 내려 동쪽 교외에 천단을 쌓고 천신께 제사를 지내고 많은 사람들이 둥굴게 모여 춤을 추고 북을 치며 노래를 불렀다.

34세왕;노 단;임나의 아우,병신년(단기 1,229년, BC 1,105년)에 즉위함.

북막(내몽골 고비사막 지역)이 침범하므로 노일소를 보내어 물리쳐 평정하였다.

35세왕;마 밀;노단의 아들,기유년(단기 1,242년, BC 1,092년)에 즉위함.

36세왕;모 불;마밀의 아들,정묘년(단기 1,260년, BC 1,074년)에 즉위함.

을해년(단기 1,268년, BC 1,066년)에 천문 관측용 감성을 설치하였다.

37세왕;을 나;모불의 아들,정해년(단기 1,280, BC 1,054년)에 즉위함.

갑오년(단기 1,287년,BC 1,047년)에 주나라 임금 하(4세 소왕)가 사신을 보내 공물을 바쳤다.

38세왕;마유휴;을나의 아들,정묘년(단기 1,320년, BC 1,014년)에 즉위함.

39세왕;등 나;마유휴의 아우,기사년(단기 1,322년, BC 1,012년)에 즉위함.

이극희가 소련 대련의 사당을 세우고 3년 상을 정하여 시행하기를 청하니 왕이 이를 따랐다.

40세왕;해 수;등나의 아들,무술년(단기 1,351년, BC 983년)에 즉위함.

임인년(단기 1,355년,BC 979년)에 아들 물한을 진조선의 구월산에 보내어 삼성묘에 제사 지내는 것을 돕게 하였다. 삼성 묘는 상춘(장춘;눌견) 주가성자에 있다.

41세왕;물 한;해수의 아들,기미년(단기 1,372년, BC 962년)에 즉위함.

42세왕;오문루;물한의 아들,기묘년(단기 1,392년, BC 942년)에 즉위함.

43세왕;누 사;오문루의 아들,정묘년(단기 1,440년, BC 894년)에 즉위함.

무인년(단기 1,451년, BC 883년)에 누사왕이 천조(진조선 조정)에 들어가 천왕(30세 내휴단군)을 빕고 태자 등올과 소자 등리와 함께 별궁에서 태자 형제에게 노래를 지어 올렸다.

44세왕;이 벌;누사의 아들,을미년(단기 1,468년, BC 866년)에 즉위함.

기미년(단기 1,492년, BC 842년)에 상장 고합력을 보내 회군(회수 지역에 있던 단군조선의 제후국 군사)과 함께 주나라를 격파하였다.

45세왕;아 륵;이벌의 아들,신유년(단기 1,494년, BC 840년)에 즉위함.

병인년(단기 1,499년, BC 835년)에 주나라의 2공(주공과 소공)이 사절을 보내 방물을 바쳤다.

46세왕;마 휴;아륵의 아들,기축년(단기 1,522년, BC 812년)에 즉위함.

47세왕;다 두;마휴의 아들,병진년(단기 1,549년, BC 785년)에 즉위함.

48세왕;내 이;다두의 아들,기축년(단기 1,582년, BC 752년)에 즉위함.

49세왕;차 음;내이의 아들,기미년(단기 1,612년, BC 722년)에 즉위함.

50세왕;불 리;차음의 아들,기사년(단기 1,622년, BC 712년)에 즉위함.

51세왕;여 을;불리의 아들,을사년(단기 1,658년, BC 676년)에 즉위함.

52세왕;엄 루;갑술년(단기 1,687년, BC 647년)에 즉위함.

무인년(단기 1,691년,BC 643년)에 흉노가 번한에 사신을 보내 단군천왕을 뵙기를 청하고 스스로 신이라 칭하고 공물을 바치고 돌아 갔다.

53세왕;감 위;엄루의 아들

54세왕;술 리;감위의 아들,무신년(단기 1,721년, BC 613년)에 즉위함.

55세왕;아 갑;술리의 아들,무오년(단기 1,731년, BC 603년)에 즉위함.

경오년(단기 1,743년, BC 591년)에 단군천왕(37세 마물단군)께서 사신 고유선(高維先)을 보내 환웅 치우 단군 세 분 성조의 상(像)을 반포하여 관가에서 받들게 하였다.

56세왕;고 태;계유년(단기 1,746년, BC 588년)에 즉위함.

57세왕;소태이;고태의 아들,정해년(단기 1,760년, BC 574년)에 즉위함.

58세왕;마 건;소태이의 아들,을사년(단기 1,778년, BC 556년)에 즉위함.

59세왕;천 한;병진년(단기 1,789년, BC 545년)에 즉위함.

60세왕;노 물;천한의 아들,병인년(단기 1,799년, BC 535년)에 즉위함.

61세왕;도 을;노물의 아들,신사년(단기 1,814년, BC 520년)에 즉위함.

계미년(단기 1,816년, BC 518년)에 노나라 사람 공자가 주나라에 가서 노자 이이(李耳;초나라 출신)에게 예를 물었다.

노자 이이의 아버지의 성은 이(李) 또는 한(韓)이고 이름은 건(乾) 인데 선조는 풍이족 사람이다(풍이족은 복희의 후예이다).

노자는 후에 서쪽으로 관문을 지나 내몽골을 경유하여 아유타(인도)에 이르러 그곳 백성을 교화 하였다.

62세왕;술 휴;도을의 아들,병신년(단기 1,829년, BC 505년)에 즉위함.

63세왕;사 량;술휴의 아들,경오년(단기 1,863년, BC 471년)에 즉위함.

64세왕;지 한;사량의 아들,무자년(단기 1,881년, BC 453년)에 즉위함.

65세왕;인 한;지한의 아들,계모년(단기 1,896년, BC 438년)에 즉위함.

66세왕;서 을;인한의 아들,신사년(단기 1,934년, BC 400년)에 즉위함.

67세왕;가 색;서을의 아들,병오년(단기 1,959년, BC 375년)에 즉위함.

68세왕;해 인;가색의 아들,경진년(단기 1,993년, BC 341년)에 즉위함.

일명 산한(山韓) 이라고 하는데 이해에 연나라에서 보낸 자객에게 시해를 당하였다.

69세왕;수 한;해인의 아들,신사년(단기 1,994년, BC 340년)에 즉위함.

임오년(단기 1,995년, BC 339년)에 연나라가 쳐들어와 안촌흘(번조선의 수도인 안덕향;지금의 개평 동북 탕지보이고 고구려 때는 안시성이다)을 공격하고 험독(하북성 창려현)까지 쳐 들어 왔다.

이때 수유의 장수 기후(기자의 먼 36세 후손)가 청년 오천명을 거느리고 와서 전쟁을 도와 전세가 조금 진작 되었다.

이에 진조선과 막조선의 군사가 함께 협공하여 크게 격파하여 우북평 어양 상곡 등 불리지국의 옛 땅을 모두 회복 하였다.

또 한 무리의 군사를 나누어 계성(연나라 수도;현 하북성 북경) 남쪽에서 싸우려 하니 연나라가 두려워 사신을 보내 사죄하고 왕자와 진개를 인질로 보냈다.

뒤에 왕자는 돌아가 연나라의 왕위를 이었고 진개는 계속하여 인질로 붙잡아 두었다.

진개는 인질로 잡혀 있는 동안(BC 339년~BC 311년;28년간) 번조선의 내정을 샅샅이 탐지한 후 본국으로 도망하여 귀국한 후 다시 조선으로 쳐 들어와 진조선의 우북평 어양 상곡 등 일천여리를 점령하고 더 나아가 번조선의 서쪽 땅 일천여리를 탈취하였다(BC 311년).

이 때는 연나라 최전성기인 소왕 때의 일인데 이때 진조선과 번조선이 잃은 이천 여리의 땅은 그전 BC 339년경에 진 번 막 3조선이 함께 협공하여 연나라에서 회복한 땅이 대부분 이었다.

따라서 연나라와 조선의 경계는 여전히 요서(난하 서부)지역이었다.

무술년(단기 2,011년, BC 323년)에 수한왕이 서거후 후사가 없었다. 그리하여 수유의 장수 기후가 군령을 대행 하였다.

연나라가 사신을 보내 하례 하였고 이 해에 연나라가 왕이라 칭하고 장차 침범하려다 그만 두었다.

이때 기후도 칭왕하면서 연나라를 공격하려고 하였다.

그때 번조선의 대부 "례"가 기후에게 간하여 칭왕을 중지 시키고 "례"도 연을 설득하여 연의 칭왕을 중지 시키고 또 공격을 멈

추게 하였다.

70세왕;기 후;무술년(단기 2,011년, BC 323년)에 읍차(작은 고을의 제후) 기후가 병사를 이끌고 번조선 궁에 진입하여 스스로 번조선 왕이 되고 사람을 보내 윤허를 청하였다.

이에 46세 보을단군이 연나라와의 전쟁에서 그가 세운 공을 인정하여 70세 번조선 왕으로 임명하고 번한성(탕지보)에 머물면서 뜻 밖의 사태에 대비케 하였다.

71세왕;기 욱;기후의 아들, 병오년(단기 2,019년, BC 315년)에 즉위함.

72세왕;기 석;기욱의 아들, 신미년(단기 2,044년, BC 290년)에 즉위함.

이해에 각 주 군에 명하여 어질고 현명한 인재를 추천하게 하였는데 선발된 자가 270명 이나 되었다.

73세왕;기 윤;기석의 아들, 경술년(단기 2,083년, BC 251년)에 즉위함.

74세왕;기 비;기윤의 아들, 기사년(단기 2,102년, BC 232년)에 즉위함.

종실사람 해모수와 함께 옥새를 바꿔치려는(새 나라를 열려는) 약속을 하고 힘을 다해 천왕(진조선에 이은 북부여)이 되는 것을 도와주었다.

해모수로 하여금 능히 대권을 잡을 수 있도록 한 사람은 오직 기비 그 사람 이었다.

75세왕;기 준;기비의 아들, 경진년(단기 2,113년, BC 221년)에 즉위함.

정해년(단기 2,140년, BC 194년)에 한나라(서한)의 떠돌이 도적 위만에게 패하여 마침내 배를 타고 바다에 들어가서 돌아 오지 않았다.

이로서 요서의 번조선이 막을 내리게 되었고 기씨 정권도 130

년간(BC 323년~BC 194년) 유지하다 멸망 하였다.

만주의 진조선은 기원전 238년에 멸망하였고 요서의 번조선은 그 보다 44년 뒤인 기원전 194년에 멸망 하였다.

그리고 번조선의 기씨 정권이 멸망한 강역에는 서한의 분봉제후인 연왕 노관의 부장으로 있던 위만에게 나라를 빼앗기게 됨에 따라 위만 정권이 수립되어 86년간(BC 194년~BC 108년)유지 되었는데 그후 기원전 108년에 서한 무제의 공격을 받아 위만 정권이 무너지고 그 땅에는 다시 서한의 행정구역인 3군(낙랑 진번 임둔)이 설치 되었다.

번조선 기씨 왕 계보

세 수	왕 명	재 위 기 간	진조선 단군명
70세왕	기후(기자의 36세손)	BC 323~BC 315	46세 보을단군
71세왕	기욱(기자의 37세손)	BC 315~BC 290	47세 고열가 단군
72세왕	기석(기자의 38세손)	BC 290~BC 251	47세 고열가 단군
73세왕	기윤(기자의 39세손)	BC 251~BC 232	오가의 공동통치
74세왕	기비(기자의 40세손)	BC 232~BC 221	북부여 해모수단군
75세왕	기준(기자의 41세손) (번조선 마지막왕)	BC 221~BC 194 (도합 130년) (BC 323~BC 194)	북부여 해모수단군

3. 막조선(마한) 세가

1세왕;웅백다;성은 한씨(韓氏)이고 단군왕검께서 막조선(마한)왕(부단군)으로 임명하였다.

도읍을 달지국에 정하였는데 백아강(현 대동강 유역 평양) 이라 불렀다.

단군왕검께서 운사 배달신에게 명하여 혈구(강화도)에 삼랑성과 참성단(제천단)을 쌓을때 군사 8천명을 동원하여 조력 하였다.

신유년(단기 54년, BC 2,280년)에 단군왕검께서 91세의 나이에 마리산에 직접 행차하여 천제를 올렸다.

단군왕검 재위 55년(BC 2,279년)에 웅백다 서거 하였다.

2세왕;노덕리;웅백다의 아들,임술년(단기 55년, BC 2,279년)에 즉위함. 부루단군 12년 임자년(단기 105년, BC 2,229년)에 노덕리 서거하고 아들 불여래 즉위 하였다.

3세왕;불여래;노덕리의 아들,임자년(단기 105년, BC 2,229년)에 즉위함.

이해 10월에 단군의 명을 받들어 칠회력(七回歷;일종의 달력)을 널리 반포하고 이듬해 3월에 백아강(白牙岡;대동강 평양)에 버드나무를 심고 도정(都亭)을 지었다.

병진년(단기 109년, BC 2,225년)에 삼일신고 비를 새겨서 남산에 세웠다.

경신년(단기 113년, BC 2,221년)에 논(稻田;도전)을 개간 하였다.

고조선 초기에 이미 벼 농사를 지었고 이는 고고학적으로 공인되고 있다.

기해년(단기 152년, BC 2,182년)에 소도를 세워 삼륜구서의 가르침을 베푸니 나라를 다스리는 덕화가 널리 미쳤다.

가륵단군 3년(단기 154년, BC 2,180년)에 불여래 서거 하였다.

4세왕;두라문;불여래의 아들, 신축년(단기 154년, BC 2,180년)에 즉위함.

을사년(단기 158년, BC 2,176년) 9월에 단군천왕께서 조칙을 내렸는데 마음을 중도 일심에 있게하라(中一;중일).

자신을 완성하여 자유 자재하라(成己 自由;성기 자유).

만물의 뜻을 열어 고르고 한결같이 하라(開物 平等;개물 평등) 등이었다.

5세왕;을불리;두라문의 아들

6세왕;근우지;을불리의 아들, 4세 오사구 단군 을유년(단기 198년, BC 2,136년)에 즉위함 .

경인년(단기 203년, BC 2,131년)에 장정 30명을 보내 살수에서 배를 건조하였다.

임자년(단기 225년, BC 2,109년)에 왕이 4세 오사구 단군의 명을 받고 상춘에 들어가 구월산에서 삼신 하느님께 제사 지내는 일을 도왔다.

10월에 모란봉 산기슭에 별궁을 지어 단군천왕이 순수할 때 머무는 장소로 썼다.

단군천왕께서 매년 3월 마한에 명하여 친히 군대를 사열하고 사냥을 하였다.

7세왕;을우지;근우지의 아들,갑인년(단기 227년, BC 2,107년)에 즉위함.

8세왕;긍 호;을우지의 아우

9세왕;막 연;4세왕 두라문의 아우 두라시의 증손

무신년(단기 341년, BC 1,993년)에 8세 우서한 단군께서 백아강(평양)에 순행하여 밭의 경계를 정해 땅을 나누어 주고 네 집을 한 구역으로 정하도록 명하였다(四家同田;사가동전;기 器 자형 전지에서 확인 할 수 있다).

그리고 각 구역에서 1승(乘)씩을 내어 마을을 나누어 지키게 하였다.

10세 노을단군 임인년(단기 395년,BC 1,939년)에 막연 서거 하였다.

10세왕;아 화;막연의 아우, 임인년(단기 395년, BC 1,939년)에 즉위함.

11세 도해단군의 명을 받아 평양 대성산에 대시전을 짓고 대동강에 큰 다리를 건설하였다.

세 고을 마다 전(佺)을 두어 경당을 설립하고 "7회제신의례"를 정하여 삼륜구서의 가르침을 강론하니 환도문명이 번성하여 국경 밖까지 소문이 났다.

하나라왕 근(13세왕)이 사신을 보내 방물을 바쳤다.

11세왕;사 리;아화의 아들, 정사년(단기 470년, BC 1,864년)에 즉위함.

12세왕;아 리;사리의 아우, 을묘년(단기 528년, BC 1,806년)에 즉위함.

13세왕;갈 지;아리의 아들, 을유년(단기 618년, BC 1,716년)에 즉위함.

14세왕;을 아;갈지의 아들,무신년(단기 701년, BC 1,633년)에 즉위함.

기유년(단기 702년, BC 1,632년)에 탐모라(탐라) 사람이 말 30필을 바쳤다.

15세왕;두막해;을아의 아들, 14세 여을단군 신미년(단기 784년, BC 1,550년)에 즉위함. 여을단군께서 임신년(단기 785년, BC 1,549년) 3월 16일 마리산에 행차하여 참성단에 제사 지낼때 은나라왕 외임(11세왕)이 사신의 보내 제사를 도왔다.

16세왕;자오수;두막해의 아들, 무인년(단기 851년, BC 1,483년)에 즉위함.

17세왕;독 로;자오수의 아들, 기축년(단기 922년, BC 1,412년)에 즉위함.

18세왕;아 루;독로의 아들, 경오년(단기 963년, BC 1,371년)에 즉위함.

19세왕;아라사;아루의 아우, 무오년(단기 1,011년, BC 1,323년)에 즉위함.

이해에 고 등(진조선 개사원 욕살)이 개성(요령성 개원)에서 반역하여 21세 소태단군에게 항명 하였다.

막조선왕이 군사로 고등을 치려 하는데 홍석령에 이르러 천왕이 고등을 우현왕으로 윤허 하였다는 소식을 듣고 중지 하였다.

을묘년(단기 1,048년, BC 1,286년)에 소태단군께서 해성 욕살 서우여에게 선양하려고 하자 막조선왕이 불가하다고 전하였으나 듣지 않았다.

색불루(고등의 손자)가 22세 단군으로 즉위하자 곧바로 막조선왕이 직접 군사를 이끌고 가서 해성에서 일전을 겨루었으나 싸움에서 패하여 전사하고 돌아오지 못 하였다.

20세왕;여원흥;병진년(단기 1,049년, BC 1,285년)에 22세 색불루단군이 여원흥을 막조선(마한) 왕으로 봉하였다.

색불루단군이 백악산에 새 도읍을 정하니 여러 욕살들이 아무도 승복하지 않았으나 여원흥이 명을 받아 저들을 설득하니 모든 욕살들이 따르게 되었다.

색불루단군이 즉위 후 대영절을 맞이하여 천신(삼신 하느님)께 제사 지낼 때 여원흥에게 명하여 백두산 천단에서 제사를 봉행하게 하고 임금께서는 몸소 백악산 아사달에서 제사를 지내셨다.

천왕(색불루단군)이 매년 중춘에 막조선을 순행하여 백성을 위해 부지런히 힘썼다.

무자년(단기 1,101년, BC 1,233년)에 막조선왕이 명을 받고 천자의 수도에 들어가 영고탑으로의 천도는 불가하다고 간하니 천왕이 이를 따랐다.

21세왕;아 실;여원흥의 아들, 기축년(단기 1,102년, BC 1,232년)에 즉위함.

22세왕;아 도;아실의 아우

기묘년(단기 1,212년, BC 1,122년)에 은나라가 멸망 하였다.

3년 뒤 신사년(단기 1,214년, BC 1,120년)에 자서여(기자)가 태항산 서쪽 부근의 땅에 피하여 사는데 막조선왕이 전해 듣고 모든 주군을 순행하여 살피고 군대를 사열하고 돌아왔다.

23세왕;아화지;아도의 아들, 경술년(단기 1,243년, BC 1,091년)에 즉위함.

24세왕;아사지;아화지의 아우, 병술년(단기 1,279년, BC 1,055년)에 즉위함.

25세왕;아리손;아사지의 형, 29세 마휴단군 정해년(단기 1,400년, BC 934년)에 즉위함.

26세왕;소 이;아리손의 아들

27세왕;사 우;소이의 아들,정해년(단기1,580년, BC 754년)에 즉위함. 무자년(단기 1,581년, BC 753년)에 주나라왕 의구(13세 평왕)가 사신을 보내 새해 축하 인사를 올렸다.

28세왕;궁 홀;사우의 아들,갑진년(단기1,657년, BC 677년)에 즉위함. 갑인년(단기 1,667년, BC 667년)에 협야후에게 명하여 전선 500척을 거느리고 가서 해도(일본열도)를 쳐서 왜인의 반란을 평정케 하였다.

29세왕;동 기;궁홀의 아들

30세왕;다 도;동기의 아들, 38세 다물단군 계유년(단기 1,746년, BC 588년)에 즉위함.

31세왕;사 라;다도의 아들,임진년(단기1,825년, BC 509년)에 즉위함.

32세왕;가섭라;사라의 아들

33세왕;가 리;가섭라의 아들, 갑인년(단기 1,907년, BC 427년)에 즉위함.

을묘년(단기 1,908년, BC 426년)에 융안의 사냥꾼 우와충이 반란을 일으켰는데 반란군이 진조선 도성을 공격하여 상황이 위급해지자 가리왕이 출전 하였다가 화살을 맞고 전사 하였다.

34세왕;전 내;가리의 손자, 44세 구물단군이 병진년(단기 1,909년, BC 425년)에 우화충을 죽이고 도읍을 장당경으로 옮기면서 전내를 막조선왕으로 봉하였다. 이때 부터 막조선의 국정이 더욱 쇠퇴 하였다.

35세왕;진을래;전내의 아들

36세왕;맹 남;진을래의 아들, 을묘년(단기 1,968년, BC 366년)에 즉위함.

무술년(단기 2,011년, BC 323년)에 수유사람 기후가 군사를 이끌고 번조선 궁에 들어와 스스로 번조선 왕이라고 하였다.

연나라에서 사신을 보내 아군과 함께 이를 정벌하고자 하였으나 막조선이 응하지 않았다.

진조선에서도 47세 고열가단군이 계해년(단기 2,096년, BC 238년)에 마침내 제위를 버리고 아사달의 산에 은거하여 수도하여 선인(仙人)이 되었다.

그후 번조선의 기씨 정권도 마지막 기준왕때 한나라(서한)의 떠돌이 도적 위만에게 나라를 빼았겨(단기 2,140년,BC 194년) 왕이 배를 타고 바다로 들어가 돌아 오지 않았다.

막조선은 진 번 양조선이 중국의 교대 침략으로 북방에 전운이 빈번하게 감돌고 왕도 난리에 염증을 느껴 도읍지인 평양을 버리고 남방의 한수(한강) 이남의 월지국(목지국;충남 공주 또는 전북 익산)으로 천도하여 명맥을 유지하고 있었으나 그 뒤 위만에게 쫓겨 내려온 기준왕 무리에게 나라를 빼앗기게 되었다(단기 2,140년, BC 194년).

이로서 고조선(삼한;전 삼한)은 소멸하고 고조선 강역이었던 요서(현 요하 서쪽)와 만주 지역에는 부여 고구려 읍루 왕국이 그리고 한반도 지역에는 평안도에 낙랑국 함경남 북도에 남 북옥저 함경남도와 강원도 북부에 동예 충청도와 전라도 지역에 마한 경상도 지역에 진한 전라도와 경상도 사이에 변한 등이 세워져 본격적인 열국분립 시대로 접어 들었다.

고조선사에서 거론되는 삼한(삼조선)은 전삼한(북삼한) 시대를 말하는 것이고 그 내용도 진한(진조선) 위주의 기록임을 유의하여야 한다.

지금의 학계에서 거론하는 삼한은 전삼한 유민들이 내려와 세운 후삼한(남삼한;마한 진한 변한)을 말하는 것이며 이 후삼한이 뒤에 백제 신라 가야로 발전하게 된다.

그리고 상고시대에는 중국인들은 해변을 멀리하고 내륙 깊숙한 곳에 터전을 잡았는데 주나라가 쇠퇴하고 춘추 전국시대 이후부터는 그들도 해변의 잇점을 깨닳아 산동성 하남성 강소성 절강성 등지에서 명맥을 유지해 오던 고조선의 제후국들을 멸망시키기 시작 하였는데 여기에 위만과 서한의 침입이 더하여 지고 진 번 양조선의 힘도 약하여져 동쪽으로 차츰 밀려나면서 고 조선 내부의 결속력까지 무너져 그만 멸망의 길을 걷게 된 것이다.

제3장 북부여와 동부여

1. 해모수의 북부여

***시 조;해모수단군;재위 45년**(원년;임술년;단기 2,095년, BC 239년)

해모수단군의 북부여 시대에도 역대 임금이 고조선의 제도를 계승하여 스스로 단군이라 칭하였다.

임금께서는 본래 타고난 기품이 영웅의 기상으로 씩씩하고 신령한 자태는 사람을 압도하여 바라보면 마치 천왕랑(배달의 제세핵랑 고조선의 국자랑과 맥을 같이함) 같았다.

23세에 천명을 받아 내려 오시니(즉 나라를 건국하시니) 이 때는 고조선(진조선) 47세 고열가단군 재위 57년(단기 2,095년, BC 239년; 중국 진시황 8년)으로 임술년 4월 8일이다.

임금께서 웅심산(길림성 서란)에서 기병하여 난빈에 제실(帝室)을 지었다. 머리에 오우관(烏羽冠)을 쓰고 허리에 용광검(龍光劍)을 찾으며 오룡거(五龍車)를 타고 다니시니 따르는 사람들이 500명이나 되었다.

아침이 되면 정사를 돌보고 날이 저물면 하늘의 뜻에 따랐다.

이 해에 이르러 즉위하였다.

그리고 호령하지 않아도 절로 관경이 교화되었다.

재위 2년 계해년(단기 2,096년, BC 238년) 3월 16일 대영절에 임금께서 하늘에 제사 지내고 연호법(烟戶法;밥짓는 연기가 나는 집을 민가로 보는 법)을 만들어 백성을 살폈다.

오가(五加)의 군대를 나누어 배치하고 둔전(각지방 주둔병의 군량을 지급하고 관가의 경비를 충당하기 위하여 미 개간지를 개척하여 경작케 한 전답)으로 지급하게 하여 뜻 밖의 사태에 대비하였다.

재위 8년 기사년(단기 2,102년, BC 232년)에 임금께서 무리를 거느리고 옛 수도(백악산 아사달)에 가서 오가(五加)를 설득하여 드디어 오가가 공화정(共和政)을 철폐하였다.

이때 나라 사람들이 단군으로 추대하여 받드니 이분이 바로 북부여 시조이시다.

겨울 10월에 태아를 가진 임산부를 보호 하는 법(公養胎母之法;공양태모지법)을 만들고 사람들을 가르칠때 반드시 태교부터 시작하게 하였다.

재위 11년 임신년(단기 2,105년, BC 229년)에 북막추장 산지객융이 영주(寧州;현 길림성 부여현)를 습격하여 순사 "목원등"을 죽이고 크게 약탈한 뒤 돌아갔다.

재위 19년 경진년(단기 2,113년, BC 221년)에 번조선왕 기비가 훙서하자 아들 기준(箕準)을 아버지의 뒤를 이어 번조선의 왕으로 책봉하였다.

삼조선 체제는 북부여 시대에도 존속하다가 위만의 번조선 찬탈로 완전히 무너졌다.

임금께서 번조선에 관리를 파견하여 군대를 감독케 하고 기준왕에게는 연나라의 침입에 대비하는데 더욱 힘쓰게 하였다.

이에 앞서 연나라가 장수 진개를 보내 번조선의 서쪽 땅을 침범하여 만 번 한(滿 番 汗;하북성 장가구시 북경시 당산시 지역)에 이르러 그곳을 국경으로 삼았다.

진개는 BC 300년경 초 연나라 소왕때(연나라는 BC 222년에 진나라에게 망함) 번조선에 인질로 잡혀 있던 연나라 장수 였는데 인질로 잡혀 있을때 번조선왕의 두터운 신임을 받았으며 그때 번조선의 내정을 세세히 정탐하였다가 탈출하여 연나라로 돌아간 뒤 곧바로 번조선으로 쳐 들어와 변방의 일천 여리 땅을 빼았은 인물이다.

기씨의 수유국도 당초에는 난하 서부에 있었는데 BC 300년경 연나라가 장수 진개에 의하여 통일이 되고 중앙집권적인 군 현제가 실시되자 그 지역에서 더 이상 거주 할 수 없게 되어 난하 동부 하류로 이동하여 재 정착 하였는데 이곳은 뒷날 위만 정권이 들어선 곳이고 한나라(서한)때에는 낙랑군 조선현이 있던 곳이다.

재위 20년 신사년(단기 2,114년, BC 220년)에 임금께서 백악산 아사달에서 천제를 지내도록 명하였다.

7월에 궁궐 366칸을 새로 짓고 이름을 천안궁(天安宮)이라 하였다.

재위 22년 계미년(단기 2,116년, BC 218년)에 창해역사 여홍성이 한인(韓人) 장량(張良)과 함께 박랑사(博浪莎)에서 진시황 정(政)을 저격하였으나 실패하고 수행하던 수레를 잘못 맞혔다.

재위 31년 임진년(단기 2,125년, BC 209년)에 진승이 병사를 일으키자 진나라 사람들이 큰 혼란에 빠졌다.

진승은 하남성 등본현의 빈농 출신으로 왕후장상의 씨가 따로 없다고 하면서 오광과 함께 진나라에서 농민 반란을 일으켰으나 6개월 만에 실패 하였다.

그러나 이 사건을 발단으로 각 지에서 반란이 일어 났고 항우와 유방 등이 군사를 일으켜 양쪽에서 압박하여 들어오니 드디어 진나라가 멸망의 길을 걷고 말았다.

진나라는 기원진 221년에 전국 시대의 6국을 통일하여 15년간 유지하다가 기원전 207년에 멸망하게 된다(서한은 BC 206년에 유방에 의하여 건국됨).

BC 210년경 중국의 항우와 유방이 8년 동안 서로 싸우는 사이 진조선을 이은 북부여가 서방으로 출병하여 상곡 어양 등을 회복하고 지금의 동몽고 일대의 선비를 항복시켜 국위를 다시 떨쳤는데 그 뒤 흉노의 모돈왕이 아버지 두 만(대선우)을 살해하고 정권을 탈취하자 그 약점을 잡아 모돈왕의 천리마와 애첩을 요구하고 또 더 나아가 양국 사이의 중립공지 천여리까지 요구하니 이에 참다 못한 모돈왕이 전 병력을 동원 동침하여 진조선(북부여)의 서방 땅(동몽고 지역) 천여리를 잃게 되었다.

이처럼 중국이 크게 어지러워지자 상곡 어양 우북평 등지에 살던 조선의 옛 유민들과 연 조 제나라의 중국 백성들 가운데 번조선으로 망명해온 자가 수만명 이었다.

이때 연 조 제 나라는 실제에 있어서는 조선으로 귀부하여 한때 조선의 영토가 매우 넓어 졌다고 한다.

번조선의 기준왕이 이들을 곧 상 하 운장(上 下 雲障;북경 동쪽을 흐르는 조백화 즉 패수 일대에 있는 상운장 하운장을 말함)에 나누어 수용하고 장수를 파견하여 감독하게 하였다.

재위 38년 기해년(단기 2,132년, BC 202년)에 한나라(서한)의 연왕 노관이 요동의 옛 요새(하북성 계현)를 수리하고 패수(조백하)를 동쪽의 경계로 삼았다.

재위 45년 병오년(단기 2,139년, BC 195년)에 한의 연왕(유방이 노관에게 분봉한 성읍 소국) 노관이 한나라를 배반하고 흉노로 달아 났다.

이때 연왕 노관의 휘하 부장으로 있던 위만은 부하들과 함께 번조선에 투항하여 망명을 요청 하였다.

이때 위만은 흰옷을 입고 상투를 틀어올려 조선족으로 위장 하였다고 한다. 당시는 중국이 전국시대 말이라 혼란을 피하여 조선으로 넘어오는 한족(漢族) 난민으로 몸살을 앓을 때 였다.

임금께서(해모수단군) 위만의 망명을 허락하지 않았으나 병이 깊어 능히 스스로 결단을 내리지 못 하였다.

번조선 기준왕이 물리 칠 수 있는 기회를 여러번 놓치고 위만이 한의 침략을 방어 하겠다고 하므로 그만 크게 실수하여 위만을 박사로 삼고 상 하 운장을 떼어 주어 그곳을 지키게 하였다(즉 번조선의 서쪽 귀퉁이를 떼어 주어 유입 난민을 관리토록 함).

이해(단기 2,139년, BC 195년) 겨울에 해모수단군 붕어하니 웅심산 기슭에 장사 지내고 태자 모수리가 즉위 하였다.

***2세;모수리단군;재위 25년**(원년;정미년;단기 2,140년, BC 194년)

번조선 기준왕이 오랫 동안 수유에 있으면서 백성들에게 은혜를 많이 베풀고 생활이 풍요롭고 넉넉 하였다.

수유는 난하 부근에 있던(처음에는 난하 서부에 있었으나 BC 300년경 이후에는 난하 동부로 이동하여 있었슴) 기자의 후손이 세운 나라로 단군조선의 작은 제후국으로 있으면서 중국과의 무역을 통해 부를 축적하여 번조선의 중심 세력으로 성장 하였다.

전국 7웅과도 겨루며 고조선의 방패 노릇을 하였고 대단군의 허락을 받아 번조선을 통치 하였다.

진조선 내부에도 간섭하여(개입하여) 해모수가 북부여를 건국하는데 힘을 보태기도 하였다.

이해에(단기 2,140년, BC 194년) 떠돌이 도적 위만이 한족(漢族) 유민 수만명을 이끌고 번조선의 기준왕을 공격하니 기준왕이 패하여 바다로 달아나 돌아 오지 않았다. 이로써 번조선은 멸망하였고 기씨 정권도 동시에 막을내리게 되었다.

번조선의 기씨 정권은 130년(BC 323년~BC 194년)간 존속하다가 서한의 망명객 위만에게 나라를 빼앗기고 말았다.

도적 위만은 은혜를 져버리고 한(漢) 나라가 쳐 들어 온다고 기준왕에게 거짓 보고를 하고 기준왕을 보호 한다는 명분으로 번조선의 도성(이때는 안덕향에서 창려현으로 옮긴 뒤임)에 입성하여 한순간에 기준왕을 습격하여 멸망시켜 버렸다.

그런 후 수유국이 있던 자리(난하 하류 동부 창려현 지역)에 위만조선을 수립하였다.

그러나 이것은 결코 위만조선이 될수 없으며(조선인이 세운 나라가 아니다) 번조선 강역에 수립한 위만 정권에 불과한 것이다.

이때 기준왕은 바다로 도망하여 마한의 월지국(마한의 두번째 도읍지;충남 공주 또는 전북익산)으로 들어가 그곳을 습격하여 깨뜨리고 왕이 되었으며 그가 쓰던 기씨 성을 버리고 마한 왕의 성씨인 한씨로 바꾸었으나 마한의 여러 나라(번국)들의 저항이 심한 가운데 뒤이어 번조선의 오가(五加) 무리가 상장(上將) 탁(卓)을 받들고 대규모로 여정에 올라 월지에 이르러 기준왕의 세력을 축출하고 나라를 세우니 이를 **중마한**(中馬韓)이라 한다.

월지는 상장 탁이 태어난 곳이다.

재위 2년 무신년(단기 2,141년, BC 193년)에 임금께서 상장 연타발(고구려 개국 공신 연타발과 이름은 같으나 다른 사람임즉 동명 이인이다)을 보내 평양(요령성 해성부근)에 성책을 세워 도적 위만에 대비하게 하였는데 위만도 실증이 나고 괴롭게 여겨서 다시는 침노하여 어지럽히지 않았다.

재위 3년 기유년(단기 2,142년, BC 192년)에 임금께서 해성을 평양도에 부속시켜 아우 고진(해모수의 차자)으로 하여금 굳게 지키게 하였다.

이때 중부여(요령성 해성 이남 요동반도 지역) 사람들이 모두 식량조달에 참여 하였다.

겨울 10월에 수도와 지방을 나누어 지키는 법(京鄕分守之法;경향분수지법)을 제정하여 수도는 천왕이 친히 군사를 거느려 위수를 총괄하고 지방은 사방을 네 구역으로 나누어 오가가 진수(군대를 요충지에 주둔시켜 엄중히 지킴)하게 하였다.

그 모습이 마치 윷놀이 에서 말판 싸움을 보는듯 했으며 용 도로써 변화의 법칙을 알아 내는 것과 같았다.

용 도란 용마 하도의 줄인 말로서 배달국 5세 태우의 환웅의 막내아들 태호 복희가 천하 즉 송화강에서 하늘로 부터 받은 우주 창조의 설계도인 용마 하도를 일컫는 말이다.

재위 25년 신미년(단기 2,164년, BC 170년)에 모수리단군 붕어하고 태자 고해사가 즉위 하였다.

◇중마한;삼한에는 세 가지가 있다◇

『1).전삼한(북삼한);단군 조선시대의 삼한 관경인 진한 번한 마한을 말함.

2).후삼한(남삼한);고조선의 전삼한 체제가 무너지고 전국시대말 중국내의 정정 불안에 이어서 진나라가 중원을 통일하여 동

이인들을 만리장성 축성에 강제 동원하여 혹독한 부역 등을 시키므로 진 번 조선 유민들이 이를 피하여 한수(한강) 이남으로 내려와 세운 나라로 이것이 현행 교과서에서 말하는 소위 삼한 연맹(중마한, 진한, 변한)의 나라이다. 이때 중마한은 번조선 상장 탁을 중심으로 한 월지국이다. 이 삼한연맹을 강단 사학에서는 총칭하여 진국(辰國)이라고 한다.

3). 삼국시대;백제 신라 가야이다(후삼한이 독자적으로 발전하여).

만주 대륙의 전삼한 시대에서 후삼한 시대로 전환한 것은 한민족의 역사 무대가 한반도로 축소되는 소한 사관 시대로 들어서는 씨를 잉태한 것이다.

통일 신라와 대진(발해)이 남북으로 자리한 남북국시대가 막을 내린 후로는 본격적인 한반도 중심의 소한 역사 시대로 들어 서게 된다.

북부여가 만주의 진조선(진한)을 대신 할 때 요서의 번조선(변한)은 망명객 위만이 차지하고 막조선(마한) 강역인 한반도에는 평양의 최씨 낙랑국과 한수(한강) 이남의 남삼한이 들어 서면서 한국사는 서서히 열국(列國) 분립(分立) 시대로 접어 들고 있었다.

이때 진한과 변한도 중마한으로 부터 각각 그 백성과 함께 100여리의 땅에 봉함을 받아 도읍을 정하고 나라를 세웠다.

낙동강 오른쪽 백여리 땅은 진조선 유민들에게 주어 진한부라 하고 낙동강 연안의 다소의 땅을 번조선 유민들에게 주어 변한부라 하였는데 이를 남삼한이라 하고 중마한이 종주국이었다.

마한이 북방의 전운을 피하여 한수(한강)이남의 월지국으로 천도(년도는 미상)한 후 임진강 이북의 땅은 최씨 낙랑국에게 잃었으나 그래도 여전히 임진강 이남의 70여개국을 다스렸다(마한 54국 진한 12부 변한 12부).

진한과 변한은 모두 마한(중마한을 일컬음)의 정령(政令)을 따라서 그대로 행하고 세세토록 변하지 않았다.』

***3세;고해사단군;재위 49년**(원년;임신년;단기 2,165년, BC 169년)

정월에 낙랑국왕 최숭이 해성에 곡식 300석을 바쳤다.

이에 앞서 최숭은 낙랑산(하북성 창려현;번조선의 두번째 도읍지인 왕험성 험독;수유국과 위만정권의 도읍지)에서 진귀한 보물을 싣고 바다를 건너 마한에 이르러 왕검성(현 대동강 평양유역)에 도읍 하였다. 이해는 해모수단군 재위 45년 병오년(BC 195년) 겨울 이었다.

재위 42년 계축년(단기 2,206년, BC 128년)에 임금께서 친히 보병과 기병 일만명을 거느리고 남려성(하북성 창현, 또는 요령성 해성지역;북부여의 제후국으로 추정됨)에서 도적 위만을 격퇴하고 관리를 두어 다스리게 하였다.

위만 정권은 한(서한) 나라의 국경도 경비하고 또 한나라와 고조선과의 교역을 막지 않는다는 조건으로 한나라의 외신(外臣)이 되고 한나라의 군비와 재정지원을 받으면서 성장하여 고조선을 이은 북부여의 서부 지역을 침범하여 지금의 요하 조금 못미치는 지역(대릉하 유역)까지 차지하기도 하였다.

위만의 고조선(북부여) 서부지역 침략시 주민 일부가 위만과 대항하면서 고조선(북부여) 왕실과 함께 동쪽으로 이동하였고 서한의 무제가 위만정권 침략에시도 이에 대항하면서 토착 조선족 원주민들이 현 요하 동쪽으로 이동하게 된다.

이들이 요동반도 만주 한반도 북부에 걸치는 지역에 정착하여 살면서 원래 거주지의 명칭을 그대로 사용하였는데 부여 고구려 읍루 예맥 옥저 낙랑 등은 고조선의 서부영역 즉 현 난하에서 요하 사이에 있던 나라였는데 이들이 동으로 이동하면서 대동강 유역에 낙랑국이 함경북도 지역에 북옥저 함경남도 지역에 남옥저 함경남도 남부 지역과 강원도 북부 지역에 동예가 북쪽 만주 지역에 부여 고구려 읍루가 자리 잡게 되었다.

또 이 무렵에 한반도에 거주하던 고조선의 부여계가 일본으로 많이 건너가 일본 농경문화 발전에 크게 기여 하였다.

고조선에 의하여 왕조가 시작된 일본은 그 뒤에도 한(韓) 민족이 꾸준이 일본으로 건너가 일본 역사 발전의 자양분을 공급 받았는데 일본으로 건너간 한민족이 일본 사회에 큰 영향과 변동을 준것을 대략 정리해 보면,

BC 300년~AD 300년 사이의 야요이 문화시대에 고조선의 부여족이 일본에 청동기 문화를 전하였으며,

AD 3세기~5세기의 고분 문화시대에 부여 고구려 백제의기마 민족 집단이 신농경 광산 문자 제철 토목 기술 등을 전하였고,

AD 6세기~7세기의 아스카 문화시대에도 불교의 전래 오경박

사 역박사 의학박사 등을 파견하였다.

7세기 후반 백제와 고구려가 망한 후에도 대규모 집단이 망명하여 일본 문화 발전에 크게 기여 하였으며,

임진왜란 당시에도 관원 학자 도공 각종기술자 등을 잡아가서 일본문화 발전에 크게 기여한 바 있다.

그후 10여 차례의 조선 통신사 왕래를 통한 문화 전파와 근래 2차세계대전 당시에도 수백만의 한인 남녀가 강제징용 징집 정신대라는 명목으로 일본군 최전방 전선과 일본 각지의 공장 탄광 같은 곳으로 끌려 갔으며 이들 대부분은 전사하거나 학살되거나 하여 돌아오지 못하였다.

일본의 고대사는 한민족의 이주사이다.

고대 일본에서 원주민과 도래인의 비율이 1:9~2:8 정도 였다고 하니 가히 짐작하고도 남음이 있다.

일본의 국가 기관이나 사회문화 분야에서의 주체 세력은 언제나 한반도에서 건너간 고조선족 즉 부여 고구려 백제 신라 가야 사람 이었다는 것은 그들의 역사가 증명하고 있다.

기원전 128년 "예"(濊;난하 중류지역) 족의 군장(君長) "남려"가 위만정권의 우거왕에게 반기를 들고 우리백성 28만명을 데리고 서한의 요동군(난하 서쪽지역;서한의 최동쪽 행정구역)에 망명하니 한무제는 이들을 받아 들이고 창해군을 설치하여 그곳에 살게 하였다가 2년 뒤에 창해군을 폐지하고 발해군에 예속시켜 버렸다.

우리는 먼저 창해군의 진상에 대하여 한무제의 무모한 정책으로 한나라에 경제 공항이 일어나고 창해군 때문에 한나라의 경제가 바닥나고 폭동이 일어날 뻔 한 사건으로 많은 물의를 일으켰다는 사실을 알아야 한다.

이때 한무제는 위청장군과 곽거병 장군 등을 등용하여 투항한 예족을 동호(고조선을 이은 북부여)와의 전쟁에 강제 동원하므로 이에 예족이 서한 정부에 대항하여 봉기를 일으키므로 이들을 진압하는데 많은 군사의 동원에 따라 막대한 군비가 투입되어 한나라의 경제가 바닥이 나고 또 창해군을 계속 유지하는데 어려움이 많아 설치 2년 만에 폐지하기에 이른 것이다.

전한서 식화지에 기록된 창해군 사건은 이러하다.한무제가 문제 경제 때의 동호(고조선을 이은 북부여)와 남월에 대한 쌓이고 쌓인 분노를 이어 받아 즉위한지 몇년만에 남월을 침식하니 강 회(양자강 회하) 등지의 경제가 파탄나고 서남이에서 파촉에 이르는 험악한 산길 천여리를 뚫게하니 파촉의 경제가 풍비 박산이 되고 다시 팽오(한무제의 신하)로 하여금 예 맥과 조선을 재물과 금품으로 매수하고 연 제의 병력을 동원하여 그 땅 일부에 창해군(요동군과 발해군 사이;발해만 서부 연안의 창주지역)을 설치하니 연나라(북경부근 지역)와 제나라(산동성 지역) 등에서 소요가 일어 났다고 한다(창해군을 연나라와 제나라 사이에 설치하므로).

즉 팽오가 떳떳하게 무력으로 침범한 것이 아니라 억만금의 재물로서 예 맥족의 "남려"라는 조선족 부족장 하나를 매수하여 망명케 하고 그들을 창해군에 살게끔 하였던 것이다.

당시 팽오는 한나라의 상인으로 예 맥과 조선과의 교역을 통하여 많은 재물을 축적한 후 무제의 신하가 된 인물이다.

"예"는 북부여의 속국이면서도 북부여를 배반하고 위만정권과 손 잡고 북부여를 공격하고자 제의 하였으나 위만정권의 우거왕이 북부여가 두려워 승락하지 않았다.

이에 남려왕은 한나라의 협조를 구하기 위하여 한나라에 가기로 결심하고 우거왕에게 국경 통과를 요청하였다.

그러나 우거왕은 국가의 기밀 누설을 우려하여 국경통과를 허용하지 않았다.

이에 남려왕이 해로를 통하여 한나라로 들어가서 무제에게 저간의 사정을 고하니 한나라가 이 기회를 놓치지 않고 위만정권과 북부여를 공격 하였다.

한나라는 이때 북부여와 **낙랑국**을 멸하여 군 현을 삼으려고 북부여와 9년 동안(BC 134년~BC 126년) 혈전을 벌였으나 한무제가 패하여 군사를 거두어 물러났다.

그러나 사기 조선만전에는 이 사실을 빼고 기록하지 않았다.

우리의 사서에서는 이것을 한과 고구려의 9년 전쟁으로 기록하고 있으나 연도상으로 볼때 북부여 3세 고해사단군(BC 169년~BC 121년) 때의 한나라와의 전쟁으로 보는 것이 맞는 듯 하다.

그러나 북부여도 고리국의 후손이니 고구려로 보는 것도 틀린 것은 아닌 듯 하다.

재위 49년 경신년(단기 2,213년, BC 121년)에 일군국이 사신을 보내 공물을 바쳤다. 9월에 고해사단군 붕어하고 태자 고우루가 즉위 하였다.

◇최숭의 낙랑국◇

『위만이 번조선의 기씨 정권을 침탈하기 직전 (BC 195년)에 요서지역 출신 대부호인 번조선 유민 최숭은 번조선 백성과 함께 낙랑산(하북성 창려현 지역)에서 한반도의 대동강유역 평양 부근으로 이주하여 나라를 세우고 고향의 지명을 따서 나라 이름을 "낙랑국"이라 하였다.

대동강 평양 지역은 막조선(마한)의 도읍지 였으나 진 번 양 조선이 중국과 흉노의 교대 침략을 받아 북방에 전운이 감돌고 타국이 또 조선을 시기하고 미워하는바 크고 왕도 또한 전쟁에 염증을 느껴 국호를 "말한" 으로 바꾸고 한수(한강) 이남의 안전한 월지국(또는 목지국;충남 공주 혹은 전북 익산)으로 천도 하였다.

마한이 월지국으로 천도하자 그 빈자리를 틈타 고도 평양에는 최씨(최숭)가 일어나 부근의 25개국을 복속시켜 하나의 대국이 되니 이른바 낙랑국이다(고구려 3대 대무신열제 때 낙랑국을 멸하여 귀속시킴).

한나라(서한) 사군의 하나인 낙랑군은 그들의 기록에 의하더라도 기자 후손의 수유국과 위만정권이 섰던 자리인 하북성 창려현(난하 하류 동부지역)에 있었는데 그것이 한반도 내의 평양과 황해도 지방에 있었던 것으로 잘못 생각하는 것은 조선 열국의 하나인 최숭의 낙랑국이 평양에 있었기 때문이다.

또 한나라의 사군이 고조선의 대부분인 매우 넓은 지역으로 오해하게 된 것도 사군중에 낙랑군에 속해 있던 현이 여러곳 있었는데 그 중에 조선현이 난하하류 동부연안에 있었고 그곳이 기자 후손과 위만이 차지했던 곳이기 때문에 고조선과 혼동하기 쉬운데서 생긴 것이기도 하다.

그리고 고대에는 요하 패수 낙랑 등 지역이 서로 다른 같은 이름이 많이 나타 나는데 그것은 지역이 이동한 것이 아니고 민족의 이동에 따라 지명이 사람을 따라 이동하였기 때 문이다(사람들이 이동 하면서 옛 지명을 그대로 따서 씀).

평양 같은 경우도 고대의 큰 고을로 도읍지 즉 수도를 일컫는 말로 사용 되었는데 지금의 서울과 같은 의미이다.』

***4세;고우루단군;재위 34년**(원년;신유년;단기 2,214년, BC 120년)

임금께서 사람을 보내 위만정권의 우거(右渠)를 토벌하였으나 이기지 못 하였다.

이에 고진(해모수단군의 차자, 2세 모수리단군의 아우)을 발탁하여 서압록(현요하; 지금의 압록강은 당시에는 동압록이었슴)을 지키게 하였는데 고진이 점차 병력을 증강시키고 성책을 많이 설치하여 능히 우거의 침입에 대비하여 공을 세웠다.

고진의 벼슬을 높여 **고구려** 후로 삼았다.

◇ 고 구 려 ◇

『고구려의 어원은 배달국 14세 치우천황(기원전 2,700년경)의 구려(九黎)이다. 즉 여씨구인(黎氏九人)으로 치우천황의 후예를 말한다. 중국 사서에서도 고주몽 성제의 고구려 개국 이전인 BC 2세기 말에 이미 고구려라는 말이 등장한다.

BC 107년 한무제가 북부여의 영토일부(현 요하서쪽~대릉하 지역)를 빼앗고 설치 했다는 현도군(대릉하 상류 지역)에는 고구려 현이 있었다. 즉 현도군이 설치되기 이전에 이미 고구려가 존재 했음을 보여주는 기록이다.

본문에서와 같이 해모수의 둘째 아들 고진이 고구려 후로 봉해 졌는데 후에 고진의 증손자인 고주몽이 북부여의 대통을 이어 "고구려"라는 나라 이름을 정함으로써 고구려는 제후국이 아닌 민족 전체의 영도국으로서의 위상을 얻게 되었다.

고씨의 나라 구려 즉 고구려가 된 것이다.

북부여의 해모수단군과 고두막단군도 본래 고리국 혈통이다.

단군 세기 23세 아홀단군조에는 구려(고리)국 사람들이 은나라에 쳐들어가 회 대(회수와 태산) 지역에 진출한 사실이 기록되어 있다. 회 대 지역으로 옮겨간 사람들이 바로 서이(徐夷)가 되었다.

서언왕의 출생설화가 고두막 단군이나 고주몽 성제의 탄생설화인 난생설화와 비슷한 것은 바로 이때문이다.

또한 일주서(逸周書) 왕회(王會;주나라 수도) 편에는 주나라가 은나라를 멸망시키고 나서 주변 여러 나라의 축하를 받은 성주대회(成周大會)에 대한 기록이 있다.

이 기록에는 동북지역에 고이(高夷)가 있다라고 하였다.

이 고이에 대한 공조의 주석에 동북의 이(夷)로서 "고구려"이다라고 하였다.

수서 배구전에는 구려는 본래 고죽국이다 라고 하였다.

따라서 구려(구이, 고리)→원고구려(북부여)→고구려→후고구려→(고려)→코리아;현 대한민국의 국명이 되었다.』

재위 3년 계해년(단기 2,216년, BC 118년)에 우거의 도적 떼가 대거 침략해 왔다. 우리군사가 대패하여 해성이북 50리 땅이 모두 약탈 당하고 점령 되었다.

재위 4년 갑자년(단기 2,217년, BC 117년)에 임금께서 장수를 보내 해성을 공격하였으나 석달이 지나도록 함락하지 못하였다.

재위 6년 병인년(단기 2,219년, BC 115년)에 임금께서 친히 정예군 오천명을 거느리고 해성을 격파하고 계속 추격하여 살수(요령성 개평현 주남하)에 이르렀다. 이로서 구려하(현요하) 동쪽이 모두 항복 하였다.

재위 7년 정묘년(단기 2,220년, BC 114년)에 임금께서 좌원(대릉하 상류 능원현 지역)에 목책을 세우고 남려(南閭)에 군대를 배치하여 뜻밖의 사태에 대비하였다.

재위 13년 계유년(단기 2,226년, BC 108년)에 한무제 유철(서한의 7세왕)이 흉노를 쳐서 한고조 유방때의 수치를 씻고 난 후 평라(平那;하북성 창려현;산해관 남쪽;번조선의 두번째 도읍지 ; 수유국과 위만조의 도읍지)를 쳐서 위만정권을 멸하더니 한의 행정구역인 **사군**(四郡)을 설치 하려고 군대를 크게 일으켜 북부여를 사방으로 쳐들어 왔다.

이에 고두막 한(동명왕)이 구국의 의병을 일으켜 가는 곳마다 한나라의 도적을 격파 하였다. 이때 유민이 사방에서 호응하여 전쟁을 지원하니 군세를 크게 떨쳤다.(단기 2,228년, BC 106년)

재위 34년 갑오년(단기 2,247년, BC 87년) 10월에 동명국(東明國;졸본부여)왕 고두막 한이 사람을 보내 고하기를 나는 천제의 아들(天子)이다. 장차 여기에 도읍을 하고자 하니 임금은 이곳을 떠나도록 하시오 하니 임금께서 난감하여 괴로워 하였다.

이해에 고우루(해우루)단군께서 근심과 걱정으로 병을 얻어 붕어하고 동생 해부루가 즉위하였다.

동명국(졸본부여)왕 고두막 한이 군대를 보내어 계속 위협하므로 임금과 신하들이 몹시 난감하였다.

이때 국상(國相) 아란불이 주청하기를 통하(通河) 물가에 가섭원이라는 곳이 있는데 토양이 기름져서 오곡이 자라기 적합하니 가히 도읍 할만한 곳입니다 라고 하였다.

임금께 권유하여 마침내 도읍을 옮기니 이 나라를 가섭원부여(흑룡강성 통하현 차릉) 혹은 동부여라 한다.

단재 신채호는 북부여에서 위치로 볼때 동부여라 하기 보다는 동북부여 라고 함이 타당할것 이라고 하였다.

【한사군 고;漢四郡 考】

한국 고대사에서 가장 큰 쟁점 중의 하나가 바로 이 중국의 한사군 문제이다.

지난날 중국 학자들과 일제의 어용학자 그리고 이땅의 반 민족적 사학자들까지 한사군 문제를 왜곡하여 우리 고대사를 식민지 역사로 만들어 버렸다.

그들은 한사군이 한반도 내에 있었다는 주장을 관철시키기 위하여 사서 날조는 물론 유물 조작도 서슴치 않았던 것이다.

일제는 중국의 골동품점에서 한대의 유물을 다량 구입하여 그것이 평양 부근에서 출토된 것으로 조작한 사실도 밝혀지고 있다.

그리고 근래에 와서는 그 허구성이 만천하에 드러났다.

"복기대"씨가 쓴 "임둔 태수장을 통해본 한사군의 위치"라는 논 문에서 임둔 태수의 장(章)이 요하서쪽 금서시(錦西市)에서 출토된 사실을 폭로하자 기존학설은 설땅을 잃게 되었다.

묘청의 북벌운동 실패이후 근 천년 동안 우리 역사를 그늘 지게 했던 반도사관의 장막이 걷히기 시작한 것이다.

중국이 동북공정을 추진하여 한강 이북을 중국이 차지 하였던 영토라고 주장하는 근원에는 한사군이 있다.

우리 나라 사학계에서 주류를 이루는 학자들은 북한 평양지역에 있는 중국계 유물 유적들을 한반도 한사군 설의 결정적인 근거로 삼고 있다.

1,915년 조선 총독부에서 평양과 황해도 지역을 낙랑군 대방군으로 못박은 것을 현재까지 정설로 따르고 있는 것이다.

한사군을 설치 했다는 당시의 인물 사마천도 사기 조선열전에서 드디어 조선을 정벌하고 사군을 삼았다 라고 만 하고 사군의 이름을 적지 않았다.

또 평양에 낙랑군이 있었다는 중국 측 기록은 하나도 없다.

그럼에도 일제는 정치적 목적으로 "조선사 편수회"를 두고 우리 역사를 왜곡 하였다.

한사군을 한반도 내로 끌어 들여 우리 역사가 식민지에서 시작된 것으로 조작 하였다.

중국이 밑 돌을 깔고 일제가 못을 박아 왜곡시킨 "평양지역 한사군"은 광복후에도 조선사 편수회 촉탁이었던 이병도와 그 제자들이 주류를 형성한 우리나라 사학계의 정설이 되어 역사의 뿌리를 단절시켜 버렸다고 이덕일씨는 개탄했다.

한 무제 때 "사마상여"는 "자허부"에서 제나라(하남성 예서가 도읍지 였슴)는 비스듬히 숙신(고조선)과 국경을 하였다 라고 기록되어 있는데 한사군의 한반도 위치설은 터무니 없고 완전히 조작 된 것이다.

더우기 사기 조선열전의 기록은 위만정권(BC 194년~BC 108년; 87년간)의 우거왕을 죽인 것도 한무제의 군사가 아니고 우거정권의 통치를 받던 조선족 원주민 참(參)에 의하여 살해 되었고 우거 다음의 반항자 성기를 죽인 것도 조선족에 의해서 였다.

위만 성기 우거 일족의 괴뢰 밑에서 학정을 겪었던 번조선 민족의 반항심이나 의분은 대단 했던 것으로 추정된다.

또 위만정권이 한(漢)의 국경을 방비 해주고 고조선과의 교역을 막지 않는다는 조건으로 위만이 한의 외신(外臣;신하)이 되고 나아가 한의 재정적 군사적 지원을 받았는데 뒷날 위만정권의 국력이 커져서는 한나라와의 약속을 어기고 고조선과의 교역을 차단하고 중개무역을 통한 막대한 이익을 독점하는 등 한 나라와의 대립이 심화되어 마침내 두나라 사이에 전쟁이 일어난 것이다.

하지만 사실은 곪고 곪았던 조선족의 불평 불만이 터져서 위만정권에 대하여 토착 조선민족이 정변을 일으킨 것에 불과하다.

즉 위만정권의 붕괴는 한 나라 무제의 침략이 있긴 하였지만 사실은 토착 조선민족의 정변에 의한 붕괴가 더큰 원인이 되었던 것이다.

원래 위만정권에는 조선과 중국의 떠돌이(도적떼)들이 많이 들어 있었는데 이들은 정권에 대한 충성심 보다는 재물과 황금에 더 욕심이 많았다.

위만은 번조선의 기씨 정권을 탈취한 후 그 영역의 통치에 있어서는 토착 조선족 원주민들의 지도자(부족장)들에게 일정한 작위를 부여한 후 그들에게 위임하여 관리를 하고 있었던 것이다.

한 나라는 우거와의 전쟁에서 조기에 패한후 쉽사리 승부가 나지 않고 또 우거의 저항이 강하고 길어지자 무제는 위만정권의 지도층을 황금으로 매수하여 분열시키고 위씨의 신하들을 교묘히 유혹하여 내부 반란을 유도 하였다.

그리하여 우거의 재상 참(參)이 우거를 암살하고 성을 들어 항복하니 위만정권이 무너졌다.

참이 우거 성기 등을 살해하고 우거정권을 타도한 후 조선족 혁명 지도자 네 사람 즉 참(參) 협(峽) 음(陰) 최(最)에 의해 위만정권의 강역을 네 군으로 나누어 참의 회청 협의 평주 음의 추저(적저) 최의 날양으로 분립된 것이다.

한 무제는 위만정권이 무너진 강역에 앞의 조선족 혁명 지도자(부족장) 네 명에게 위만정권 붕괴의 공을 인정하여 각각 그 지역에 왕의 봉작을 주어 분할 통치토록 하여 그 세력을 분산 시킨 후 여세를 몰아 사군을 설치하기 위하여 북부여를 공격하였으나 북부여의 구국영웅 고두막 한(동명왕)의 강력한 저항에 막혀 패하여 돌아 갔다.

고두막 한은 고조선(진조선)을 계승한 북부여가 자칫 사라져 버릴 수도 있는 한민족 상고사 최대의 위기에서 나라를 구하였던 것이다.

한 무제 직전까지만 해도 중화족은 흉노에 매년 폐백을 보내고 왕실이 교체될 때 마다 한실의 왕녀를 상납하는 등 사대교린 정책을 감수 할 수 밖에 없었다.

즉 한 고조 유방 때 흉노의 모돈 왕을 쳤으나 백등(산서성 대동부근)에서 대패하여 치욕적인 조약을 맺었기 때문이다.

또 만리장성 관문 밖에는 나가 보지도 못하였다는 것이 사마천의 사기에도 실려 있다.

그런대 바로 이 흉노를 꼼짝 못하게 누르고 있었던 것이 동호 즉 고조선 이었다.

당시의 사실이 이러할 진데 한나라가 고조선(북부여)을 침략하여 그곳에 한의 행정구역인 군 현을 설치하기는 그렇게 쉽지 않았을 것이다.

사마천도 정작 사군의 이름을 밝히지 않고 위의 네 군을 설명하였으니 당연히 회청 평주 추저 날양을 사군으로 간주 할 수 밖에 없다.

그런데 위의 네 군은 요하(현 난하) 하류 동부 지역에 위치하고 있는 것이 아니고 산동반도 지역에 위치하고 있다.

소위 낙랑 진번 임둔 현도라는 사군은 원문에도 나오지 않는 유령 사군이고 그 위치도 한반도의 평양 일대가 아니고 북경 근처의 난하하류 동부 지방이다.

그들의 주장을 그대로 인용하더라도 사군 중에 가장 동쪽에 있었다는 현도군은 현요하 서부와 대릉하 사이이고 가장 서남쪽에 있었다는 낙랑군은 현난하 하류 동부 지역이다.

낙랑군의 여러 속현 가운데 수성현은 지금의 하북성 창려현의 갈석산 지역에 있었고 조선현은 그곳에 가까운 난하하류 동부연

안에 있었다.

사군중 낙랑 진번 임둔군은 위만정권이 번조선 기씨 정권을 찬탈한 후 세력확장 과정에서 그 지역에 번조선의 제후국으로 있던 지역을 병합하여 그대로 서한의 행정구역으로 다시 삼은 군의 명칭으로 이들은 현 난하에서 대릉하 사이에 위치하고 있었다.

그리고 현도군은 한무제가 위만정권을 멸망시킨 후 동진을 계속하여 기원전 107년에 현 대릉하와 요하 사이의 땅에 설치하였다는 군의 명칭이다.

그리고 진번군 임둔군은 설치한 26년후 기원전 82년에 폐지하고 낙랑군과 현도군만 남겨 두었다고 하는데 이는 믿을 수가 없다.

기원전 106년에 진조선을 이은 북부여의 5세 고두막 한(일명 동명왕)이 구려하(현 요하)를 건너 서한의 군대를 계속 추격하여 요동(현 난하 동쪽)의 서안평에 이르렀다고 우리의 역사에 기록되어 있기 때문이다. 서안평은 옛 고리국 땅이다.

다시 말해서 한나라의 사군은 그들이 북부여와 낙랑국 등을 멸망시킨 후 그곳에 설치 하려고 했던 지도상의 계획이었으나 한나라가 패하여 물러감에 따라 실제에 있어서는 설치 된 적이 없는 종이 위의 계획에 불가 하였던 것이다.

그리고 한무제는 위만정권과의 전쟁에서 사실상의 패전에 대한 책임을 물어 전쟁에 참가했던 육군 사령관 순채 해군 사령관

양복 무제의 사신(使臣)위산과 공손수 등 네 명을 능지 처참에 해당하는 "기시"라는 최악의 사형으로 시체 마져 찢어 죽였다.

전쟁에 이겼더라면 개선장군의 대우를 받았어야지 도리어 이렇게 처단한 것은 한나라로서는 돌이킬 수 없는 처참한 패전을 했기 때문이다.

사마천도 사기에서 단군 조선은 중원의 지배자 였고 한족의 한(漢)자도 사실은 조선 삼한의 한(韓)자를 따온 것이라고 하였다.

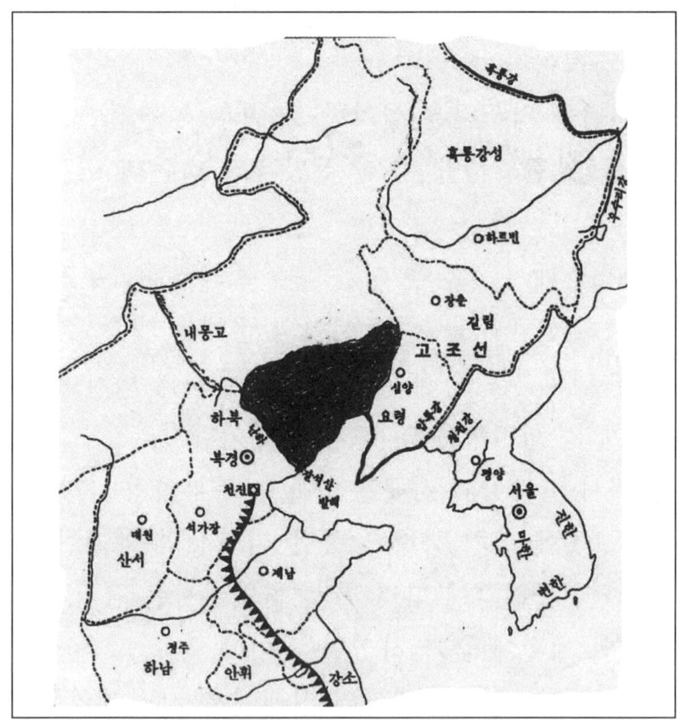

한사군의 위치도(중국측 사료)

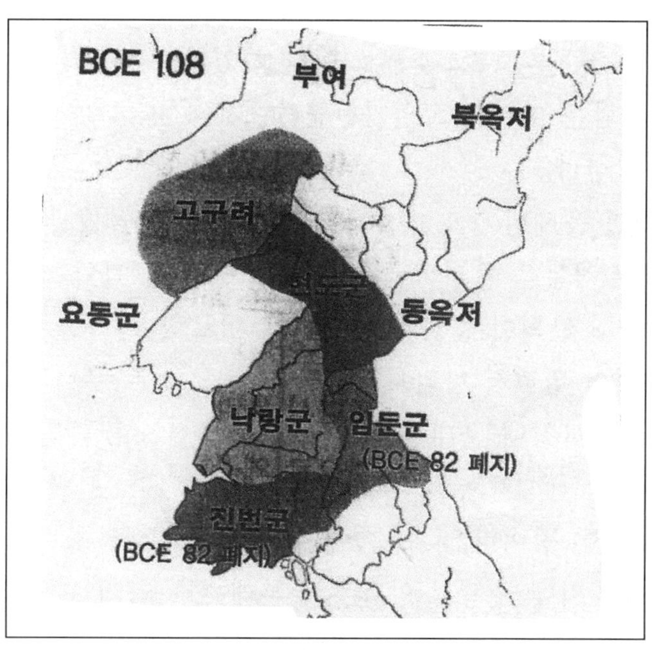

한사군의 위치도(일본및 주류 강단 사학 주장)

***5세;고두막단군;**동명왕 재위 22년 북부여 단군 재위 27년 도합 49년

고두막단군의 동명왕 재위 원년은 계유년(단기 2,226년, BC 108년)이다. 이해는 북부여 고우루단군 13년이고 위만의 우거정권이 멸망한 해이다.

일찌기 북부여가 쇠퇴하면서 한나라 도적이 불같이 일어나는 것을 보고 분개하여 개연히 세상을 구하겠다는 뜻을 세웠다.

이에 졸본(요령성 환인지방 정인보는 연해주 수분하시 라고 주장함;후일 고구려 시조 주몽이 도읍한 곳)에서 즉위하고 스스로 호를 동명(동명국 즉 졸본부여를 세운 고두막 한의 호)이라 하였다.

어떤 사람은 이분을 고열가단군(고조선 마지막 47세 단군)의 후손이라고 말한다.

재위 3년 을해년(단기 2,228년, BC 106년)에 임금께서 스스로 장수가 되어 격문을 돌리니 가는 곳마다 대적할 자가 없었다.

한달이 채 안되어 군사가 오천명에 이르렀다. 싸울 때 마다 한나라 도적이 멀리서 바라보기만 하여도 스스로 무너졌다.

임금께서 마침내 군대를 이끌고 구려하(현 요하)를 건너 계속 추격하여 요동(현 난하 동부)의 서안평에 이르렀다. 서안평은 옛 고리국(高離國) 땅이다.

요사 지리지에서 상경 임황부는 본래 한나라의 요동군 서안평이다 라고 하였다. 대진국 본기에도 서경 압록부는 본래 고리국이요, 지금의 임황이다. 임황은 후에 요나라 상경 임황부가 되었는데 곧 옛날의 서안평이다 라고 하였다.

이상의 기록으로 볼때 요동군은 지금의 요하 동쪽에 있지 않고 난하 동쪽에 있었음을 분명히 알 수 있다.

이때(진조선을 이은 북부여)의 요수(遼水)는 지금의 요하가 아니고 난하였다.

그리고 현재의 요하는 당시에는 구려하 또는 서압록이라 하였고 지금의 압록은 동압록이라 하였다.

재위 22년 갑오년(단기 2,247년, BC 87년) 이해는 고우루단군 34년이다. 임금께서 장수를 보내 배천(裵川)의 한(漢) 나라 도적을 격파하고 유민과 합세하여 가는 곳마다 한나라의 도적을 연달아쳐 부수었으며 그 수비 장수를 사로잡고 방비를 갖추어 적을 막기에 힘썼다.

재위 23년 을미년(단기 2,248년, BC 86년)에 북부여왕(해부루왕)이 성책을 바쳐 항복하면서 왕실만 보존시켜 주기를 여러번 애원하였다.

이에 고두막단군께서 들어 주시어 해부루왕의 봉작을 낮추어 제후로 삼아 차릉으로 이주해 살게 하였다(동부여 또는 가섭원 부여의 시작).

임금께서 북치고 나팔부는 악대를 앞세우고 무리 수만명을 이끌고 도성에 입성 하였다. 나라의 이름을 여전히 북부여라 하였다(후북부여).

8월에 한나라의 도적과 여러번 서압록(현 요하)에서 크게 싸워 승리를 거두었다.

재위 30년 임인년(단기 2,255년, BC 79년;전한 소제 2년) 5월 5일에 고주몽이 차릉(동부여 또는 가섭원 부여)에서 태어 났다.

동명왕과 고주몽을 같은 인물로 본 삼국사기의 기록은 잘못된 것이다.

우리는 이 북부여기를 통해서 비로소 해모수 동명왕 고주몽과의 관계를 정확히 알 수 있게 되었다.

재위 49년(북부여 단군 재위 27년) 신유년(단기 2,274년, BC 60년)에 고두막단군(동명왕) 붕어하여 졸본천(卒本川)에 제사 지내고 태자 고무서가 즉위 하였다.

***6세;고무서단군;재위 2년**(원년;임술년;단기 2,275년, BC 59년)

임금께서 졸본천에서 즉위 하였다. 부 로(父 老)들과 더불어 백악산에 모여 규약을 정하고 천제를 올렸다. 여러가지 사례를 반포하여 널리 행하게 하니 안팎에서 모두 기뻐하였다.

임금께서는 태어날 때 신령스러운 덕을 갖추어 능히 주술로서 바람을 부르고 비를 내리게 하며 곡식을 풀어 자주 백성을 구휼하니 민심을 크게 얻어 소 해모수라는 칭호가 붙게 되었다.

이때에 한 나라의 도적이 요하(현 난하)동쪽에서 분란을 일으키므로 여러번 싸워 이겼다.

재위 2년 계해년(단기 2,276년, BC 58년)에 임금께서 나라를 순행하다 영고탑에 이르러 흰노루를 얻었다.

겨울 10월에 고무서단군 붕어하고 고주몽(高朱蒙)이 유명(遺命)을 받들어 대통을 이었다.

그리고 얼마후(BC 37년)에 나라 이름을 고구려로 바꾸니 곧 고구려는 북부여를 계승한 것이다.

이에 앞서 고무서 단군께서는 대를 이을 아들이 없었는데 고주몽이 보통 사람이 아님을 알아 보고 자기 딸(공주;소서노)과 맺어주어 아내로 삼게 하였다. 즉 고주몽을 사위로 삼은 것이다.

이에 이르러 졸본에서 즉위 하니 그의 나이 23세 때 였다.

당시 동부여(가섭원 부여) 사람들은 고주몽이 나라에 이롭지 못할 것이라고 여겨 주몽을 죽이려 하므로 주몽이 어머니 유화부인의 명을 받들어 오이 마리 협보 세 사람과 친구의 의(儀)를 맺고 함께 길을 떠났다.

차릉수(송화강;광개토태왕 비문에는 엄리대수 중국 문헌에는 엄사수)에 이르러 강을 건너려 하였으나 다리가 없었다.

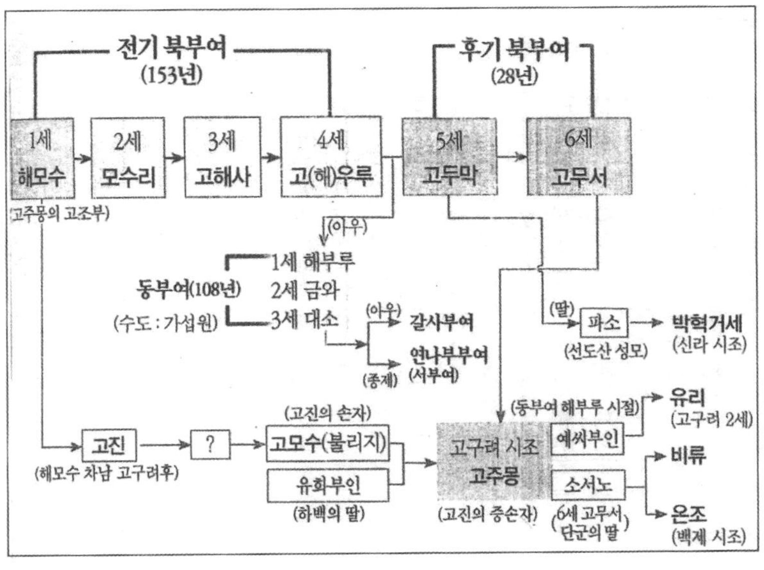

북부여 계보와 고주몽 혈통

주몽이 뒤 쫓아 오는 군사들에게 붙잡힐까 두려워하여 강에 고하기를 나는 **천제**(천상 하느님)의 **아들**(天帝子;天子)이요 하백의 외손으로 오늘 달아나는 길인데 쫓는 자가 다가 오고 있으니 어찌 하오리까 하니 물속에서 물고기와 자라가 수없이 떠올라 다리가 되었다.

주몽이 물을 건너자 물고기와 자라가 모두 흩어졌다.

◇천제지자 天帝之子;천자 天子◇

『천제(천상 하느님)의 아들을 천제지자 또는 천자라 일컫는다. 즉 이것은 천손민족을 일컫는 말이다.

후한시대 "채옹"(문필가;조조의 신하)이 지은 "독단"에 천자는 동이족이 부르던 호칭이다.

하늘을 아버지로 땅을 어머니로 하는 까닭에 천자라 부른다라고 하였다(天子 夷族之 所稱 父天母地 故 稱天子;천자 이족지 소칭 부천모지 고 칭천자).

천자가 다스리는 나라를 천자국이라 불렀다.

오랫동안 중국이 주변국들로 부터 조공을 받는 등 천자국을 자칭해 왔으나 이것은 어불성설이다.

진시황 때에 이르러 비로서 천자국을 자칭 하였고 고대 중국을 천자국으로 묘사한 것은 모두 한대(漢代) 이후 중국 사가들에 의한 조작이며 윤색이다.

천자라는 말은 중국 것이 아니다.

본래 우리 동방족의 말이고 우리나라가 천자의 나라(天子國)였다는 역사적 사실을 채옹이 독단에서 명백히 밝혀 주고 있는 것이다.

천자 문화의 본향인 조선은 고조선 이후 고려말에 이르기 까지 천자 칭호가 계승되어 왔다.

즉 해모수 고주몽이 직접 언급하였고 마지막으로 대한제국의 고종황제 때에도 사용하였다.

고조선인들은 하늘을 상징하는 해를 하느님으로 인식하여 단군을 해의 아들 즉 일자(日子)라고 불렀다.

따라서 단군의 성씨도 "해"씨 였다.

이러한 관념이 확산되어 이후에 한민족을 스스로 천손족 또는 단군왕검의 후손(단군의 자손)이라고 생각하게 되었던 것이다.』

◇고대 한 민족사의 잃어버린 고리 북부여사◇

『북부여는 단군조선(진조선)의 국통을 계승하여 해모수가 세운 나라이다.

시조 해모수단군이 기원전 239년에 북부여를 건국한 이래로 고두막단군(동명왕) 이후의 후북부여 해부루가 쫓겨가 세운 동부여(가섭원 부여) 또 동부여의 일족이 세운 연나부 부여로 명맥을 유지하다가 기원후 494년 고구려 21세 문자열제 때 완전히 고구려에 병합 되었다.

이 북부여의 존재시기와 역대 제왕의 정확한 연대가 밝혀 지면서 한민족의 국통이 고조선→북부여→고구려로 이어짐을 한 눈에 볼 수 있게 되었다.

특히 뜬 구름 잡는 식으로 막연 했던 해모수와 고두막 한(동명왕)과 고주몽과의 관계 또 정통 도가사서에 대한 불신과 북부여사의 상실 때문에 역사의 맥이 단절 됨으로써 잘못 알고 있었던 한민족 고대사의 주요 의문점이 이 "북부여기"에서 처음으로 명백히 밝혀지고 있다.

이 "북부여기"는 고려말 조선초 은둔사학자 복애거사 범장이 쓴 역사 책이다.

그런데도 우리의 강단 사학계는 일제 식민사학의 각본대로 번조선 강역의 위만정권을 고조선의 계승자로 앉혔을 뿐만 아니라 위만정권이 망한 후에는 그 자리에 한나라(서한)의 사군이 설치되었다고 가르치고 있다.

북부여는 온데 간데 없고 도적 위만이 번조선을 빼았아 세운 정권인 이른바 위만조선과 중국의 식민지인 한사군이 그 자리를 차지하고 있는 것이다.

또 강단 사학자들은 중국의 사서와 삼국사기 삼국유사를 근거로 북부여 시조 해모수를 고구려의 시조 주몽의 아버지라 하여 해모수와 주몽을 부자지간으로 만들어 버렸다(실제에 있어서는 해모수는 주몽의 고조부이다).

그 결과 180여년에 걸친 북부여 6대 단군의 역사는 증발되어 버렸다.

고구려 광개토태왕 비문에는 태조로 부터 17세 손으로 기록되어 있는데 주몽으로 부터는 13세 손 밖에 되지 않으며 해모수로 부터 4세를 더 넣어야 17세 손이 되는 것이다.』

◇삼국사기 삼국유사 유감◇

『한국의 대표적인 역사서로 인정 받고 있는 두권의 사서인 삼국사기와 삼국 유사에 한국사의 참 모습이 제대로 기록되어 있지 않다는 것이다.

이점을 간파한 일제는 조선에 남아 있던 전래의 역사서 20만권을 수거하여 불태워 버리면서 오로지 삼국사기와 삼국유사만을 조선의 대표 사서인양 남겨 두었던 것이다.

삼국사기는 1,145년(고려 인종 23년)에 김부식이 왕명을 받아 편찬한 책으로 삼국시대(신라 백제 고구려)를 기록한 정사로 평가 받고 있다.

그런데 김부식은 대표적인 중화 사대주의 인사로 원나라의 위세에 위축되어 독립 자존에 대한 문헌은 기피 금지 되었고 중국을 큰 나라로 섬기는 사대모화의 잣대로 우리 역사를 기술하였던 것이다.

예를 들면 북방을 다스리며 중국을 제압한 고구려를 중국에 대든 역적의 나라로 묘사하고 동북아 대륙을 호령한 고구려를 중국의 동북 모퉁이에 끼어 있던 작은 나라로 폄하하고 중국의 국경을 침범한 고구려 때문에 우리민족이 중국의 원수가 되었다고 하였으며 백제와 고구려가 망하게 된 것도 천자의 나라인 수 당에 거역하였기 때문이라고 평하였다.

김부식은 신라 귀족의 후손으로 신라를 한국사의 정통으로 보고 신라 중심의 역사를 기술하였다.

또 신라를 한국사의 정통으로 내 세우기 위하여 대진국(발해)의 역사를 단 한줄도 기록하지 않았다.

고구려가 망한 후 만주 대륙을 지키며 신라와 어깨를 나란히 한 대진국을 배제하고 오직 신라만 기록 함으로써 한민족의 역사 강역을 대동강 유역 이남의 좁은 한반도로 국한 시켰다.

즉 삼국사기는 당시 한 민족의 역사를 반토막 만 기록한 책에 지나지 않는다.

만약 대진국의 역사까지 수록 하였더라면 삼국사기는 최근 동북공정으로 우리역사와 영토를 삼키기에 혈안이 된 중국에 대하여 대진이 다스리던 영주(현 북경근처) 이북의 모든 땅에 대한 우리의 연고를 강력하게 주장할 근거가 되었을 것이다.

삼국사기는 오직 신라 백제 고구려 삼국에 대하여만 기록한 책이다.

삼국시대가 되기 직전에 있었던 북부여 동부여 가야에 대한 기록이 없을 뿐만 아니라 환국 시대에서 시작된 한민족의 시원 역사에 대하여 한마디도 기술하지 않았다.

또 국내와 외국의 역사서 취사선택에 흐려서 전후가 모순되고 사건이 중복된 것이 많아 사료적 가치가 없다.

또 이두문을 만들때 한자의 뜻을 취한 것도 있고 그 음을 취한 것도 있는데 이두문과 한역을 구별할 줄 몰라서 한사람이 여러 사람이 되고 한곳 지명이 여러 곳으로 된 것이 많으며 주몽의 어머니 유화 부인이 해모수를 만나 주몽을 낳은 것으로 잘못 기록하여 해모수와 주몽이 부자지간이 되어 버리는 바람에 북부여의 180여년에 걸친 6대 단군의 역사가 완전히 증발해 버리는 단초를 제공하는 우를 범 하였다.

또 동명왕과 주몽을 같은 인물로 묘사하고 소서노를 연타발의 여식으로 잘못 기록하는 우도 범 하였다.

그리고 삼국유사는 1,281년(고려 충렬왕 7년) 경에 승려 일연이 편찬한 책이다.

삼국유사는 삼국사기와 달리 제1권에 고조선 조를 두어 한 민족의 상고시대인 환국 배달국 고조선이 있었다고 역사를 기록하였지만 일연은 불교 사관의 색안경을 끼고 우리 상고사를 씀으로써 잘못된 역사기록이 남게 되었다.

즉 한 민족의 시원역사인 환국 배달국 고조선의 7천년 왕조역사를 환인→환웅→단군이라는 3대의 가족사로 오도 하였다.
일곱분의 환인 천제 열여덟분의 환웅 천황 마흔일곱분의 단군 왕검을 단 한분의 환인 환웅 단군으로 왜곡 하였다.

특히 환웅이 단군을 낳았다고 함으로써 한민족 최초의 국가인 배달국의 역사 1,565년이 고스란이 잘려 나가 버린 것이다.

또 "옛적에 환국이 있었다"(석유환국;昔有桓國)라는 고기를 인용하면서 "제석을 말한다"라는 불교 관점의 주석을 붙여 인류 첫나라 환국을 불교 신화 속의 나라로 전락시켰다.

제석(帝釋)이란 불법을 지키는 수호신인 제석천(일명 환인)의 줄임 말이다.

그리고 배달국시대 환족(桓族)으로 귀화 하고자 하는 두부족인 웅족(熊族)과 호족(虎族)을 일웅(一熊) 일호(一虎) 즉 한마리의 곰과 한마리의 호랑이로 기록하고 100일 수행 끝에 여인이 된 곰(웅녀;熊女)이 환웅(桓雄)과 결혼하여 단군을 낳았다고 역사를 기록 함으로써 우리의 시원역사를 신화로 치부하여 업신 여기고 부정하는 역사 의식을 가지게 하는 결정 타를 날린 것이다.

또 단군 한분이 1,500년 동안 나라를 다스리다가 1,908세에 죽어 신선이 되었다고 하여 고조선사를 신화로 만들었다.

그리고 단군 왕검이 도읍한 곳 아사달을 고려의 수도 개경으로 아사달의 다른 이름인 평양성을 현재 대동강 유역의 평양으로 잘못 해석하였다.

또 재위 말기에 단군이 기자라는 중국이 봉한 새왕에게 밀려 도읍을 장당경으로 천도하였다고 잘못 기록하여 놓았다.

이것은 고조선 44세 구물단군이 국정 쇄신을 위하여 단행한 천도사건(BC 425년)을 잘못 기록한 것이다.

뿐만 아니라 기자가 다스리게 된 조선을 다시 한사군이 다스렸다고 덧붙였다. 일연은 중국사서에 실린 왜곡된 내용을 그대로 따와서 한국사의 국통맥을 고조선→기자조선→한사군으로 왜곡

시킨 것이다.

일연의 잘못된 역사기록은 일제 식민 사학자들에게 한국사를 날조할 근거를 제공 하였다.

일본은 일연이 붙인 "제석을 말한다"라는 주석을 악용하여 "환국이라는 나라의 역사(昔有桓國)"를 "환인이라는 인물사((昔有桓因)"로 전락 시켰다.

글자 한자를 변조하여 환국을 말살하고 배달국과 고조선 마져 송두리째 부정하고 있다.

오늘날 우리의 초 중 고 학생들은 모두 일연이 써 놓은 잘못된 역사기록에 일제 식민 사학자들이 덧칠 해 놓은 그대로를 배우고 있다. 모든 국사 교과서에 삼국유사 고조선기가 번역되어 실려 있으니 말이다.

또 일연은 동부여 금와왕이 유화부인을 만나 주몽을 낳은 것으로 기록하여 대소와 주몽을 배다른 형제간으로 만들어 놓았으며 신라 혁거세의 어머니 선도산 성모 파소(북부여 5세 고두막 단군의 딸)를 사소라 하여 중국 한왕실(전한)의 딸로 기록하여 놓았다.』

2. 해부루의 동부여

1세왕;**해부루;재위 39년**(원년;을미년;단기 2,248년, BC 86년)

왕이 북부여의 제재를 받아 (5세 고두막단군;동명왕) 가섭원(흑룡강성 통하현 차릉)으로 옮겨 살게 되었다.

북부여의 동쪽에 위치 하였으므로 이를 동부여 또는 가섭원 부여라고 한다.

신채호씨는 위치로 보았을때 동부여라 하기 보다는 동북부여라 함이 더 합당할 것이라고 하였다.

가섭원은 가시라(삼림국)의 뜻이고 차릉이라고 부른다.

이곳은 토지가 기름지고 오곡이 자라기 적합하였는데 특히 보리가 많이 났다.

또 호랑이 표범 곰 이리가 많아 사냥하기에 좋았다.

재위 3년 정유년(단기 2,250년, BC 84년)에 국상 아란불에게 명하여 구휼을 베풀고 원근의 유민을 불러 위로하며 굶주리거나 추위에 떨지 않게 하였다.

또 밭을 나누어 주어 농사를 짓게 하니 몇해 지나지 않아 나라가 부유해 지고 백성이 번성 하였다.

때를 맞추어 비가 내려 차릉을 촉촉히 적시므로 백성이 왕정춘(王正春)이라는 노래를 불러 왕을 찬양 하였다.

재위 8년 임인년(단기 2,255년, BC 79년) 이에 앞서 하백의 딸 유화(柳花)가 밖에 나가 놀다가 북부여의 왕손 고모수(高慕漱)의 꾐에 빠졌다.

고모수는 강제로 유화를 서압록(현 요하)변에 있는 궁실로 데려가 은밀히 정을 통하고는 하늘로 올라가 돌아 오지 않았다(갑작스런 변고로 죽은 것으로 여겨짐).

유화의 부모는 중매도 없이 고모수를 따라 간것을 꾸짖고 먼곳으로 쫓아 버렸다.

고모수의 본명은 불리지(弗離支;옥저후)인데 고진(高辰;해모수의 차자 북부여 2세 모수리단군의 아우)의 손자이다.

해부루왕이 유화를 이상하게 여겨 수레에 태워 환궁하여 궁에서 나가지 못하게 하였다.

이듬해 5월 5일에 유화부인이 알 하나를 낳았는데 한 사내 아이가 껍질을 깨고 나왔다. 이 아이가 고주몽(高朱蒙)이다.

고주몽은 북부여 해모수단군의 현손(고손자)이고 기품이 늠름하고 위엄이 있었다.

나이 겨우 7세에 스스로 활과 화살을 만들어 백번을 쏘면 백번을 다 맞추었다.

부여 말에 활을 잘 쏘는 사람을 주몽이라 하였으므로 그렇게 불렀다.

재위 10년 갑진년(단기 2,257년, BC 77년)이었다. 해부루왕이 늙도록 대를 이을 아들이 없어서 하루는 산천에 후사를 기원하는 제사를 지냈다.

곤연(흑룡강성 영안현에 있는 경박호)이라는 곳에 이르렀는데 왕이 탄 말이 큰 돌을 보더니 그 앞에 마주서서 눈물을 흘렸다.

왕이 괴이하게 여겨 사람을 시켜 그 돌을 굴려 보게 하였더니 거기에 한 아이가 있었는데 금색의 개구리 모양 이었다.

왕이 기뻐하며 이것은 하늘이 과인에게 대를 이을 아들을 내려주신 것이로다 하고 아이를 거두어 길렀다.

이름을 금와(金蛙)라 하였는데 장성하여 태자로 삼았다.

삼국유사에는 금와왕이 유화부인을 만나 주몽을 낳았다고 하여 대소와 주몽을 형제로 잘못 서술 하였다.

또 삼국사기에는 동명왕 고두막 한과 고주몽을 같은 인물로 소서노를 연타발의 여식으로 잘못 서술 하였다.

재위 28년 임술년(단기 2,275년, BC 59년)에 사람들이 고주몽을 나라에 이롭지 않다고 여겨 죽이려 하였다.

이에 고주몽이 어머니 유화부인의 명을 받들어 동남쪽으로 달아나 엄리대수(송화강)를 건너 졸본천(卒本川)에 도착하였다.

이듬해(BC 58년) 고무서단군의 뒤를 이어 북부여를 계승하였고 뒤에 새 나라를 열어(BC 37년) 이름을 "구려"라 하고 "고"로서 성을 삼으니 "고씨의 나라 구려" 즉 "고구려"가 되었다.

이분이 곧 고구려의 시조 "추모성왕"이시다.

고구려는 해모수의 출신지인 고리(구려, 구이)에서 따온 말이다.

그러므로 북부여는 고구려의 전신이고 북부여를 또한 고구려로 볼 수 도 있다.

재위 39년 계유년(단기 2,286년, BC 48년)에 해부루왕이 훙서하고 태자 금와가 즉위 하였다.

2세왕;**금와;재위 41년**(원년;갑술년;단기 2,287년, BC 47년)

이해에 왕이 고구려(실재는 주몽의 북부여시대임)에 사신을 보내 방물을 바쳤다.

재위 24년 정유년(단기 2,310년, BC 24년)에 유화부인이 세상을 떠났다.

고구려에서는 위병 수만명으로 호위케 하여 영구를 졸본으로 모셔와서 장사를 지냈다. 주몽제 께서 황태후의 예로서 영구를 모셔와 능을 조성하고 그곁에 묘사를 지으라 명하셨다.

재위 41년 갑인년(단기 2,327년, BC 7년)에 금와왕이 흉서하고 태자 대소가 즉위 하였다.

3세왕;**대소;재위 28년**(원년;을묘년;단기 2,328년, BC 6년)

이해는 고구려 2세 유리명열제 14년이다.

봄 정월에 왕이 고구려에 사신을 보내 왕자를 볼모로 교환하자고 청하였다.

고구려 열제께서 태자 도절을 볼모로 정하였는데 도절이 가지 않으므로 왕이 진노 하였다.

겨울 10월에 대소왕이 군사 오만을 거느리고 고구려의 졸본성을 쳐들어 갔으나 큰 눈이 와서 얼어 죽는 자가 많아 물러났다.

재위 19년 계유년(단기 2,346년, AD 13년)에 왕이 다시 고구려를 침공하였는데 학반령 밑에 이르러 복병을 만나 크게 패 하였다.

재위 28년 임오년(단기 2,355년, AD 22년) 즉 고구려 3세 대무신열제 5년 2월에 고구려가 국력을 다하여 쳐 들어 왔다.

대소왕이 몸소 군사를 이끌고 나아가 싸우다가 왕이 탄 말이 진구렁에 빠져서 나올 수 가 없었다.

이때 고구려 상장군 "괴유"가 곧장 나아가 왕을 죽여 버렸다.

동부여군은 왕이 죽었는데도 오히려 굴복하지 않고 고구려 군을 여러겹 에워 쌌다.

마침내 짙은 안개가 7일 동안 계속되자 고구려 열제께서 밤을 틈타 군사를 비밀리에 움직여 포위망을 벗어나 샛길로 달아났다.

여름 4월 대소왕의 아우가 추종자 수백명과 더불어 길을 떠나 압록곡에 이르렀다.

마침내 사냥 나온 해두국(海頭國) 왕을 보고 그를 죽이고 그 백성을 취하여 갈사수(동만주 우수리강)가로 달아나 나라를 세우고 스스로 왕이라 일컬었다.

이 나라가 바로 갈사국(갈사부여)이다. 갈사국을 중국에서는 옥저라고 쓴다.

고구려 6세 태조 무열제 융무16년(단기 2,401년, AD 68년) 8월에 이르러 갈사국 3세 도두왕이 고구려가 날로 강성해 지는 것을 보고 마침내 나라를 바쳐 항복하니 1세왕(대소의 아우)으로 부터 3세왕 까지 역년 47년 만에 나라가 없어지고 말았다.

이때 고구려 열제께서도 도두왕을 우태(부족의 우두머리 족장)로 삼아 살 집을 주고 훈춘(길림성 연결시 동쪽)을 식읍으로 주어 동부여 후로 삼았다.

또 이해(대무신열제 5년, AD 22년) 가을 7월에 대소왕의 종제가 백성에게 일러 말하기를 우리 선왕께서 시해를 당하고 나라는 망하여 백성이 의지 할 곳이 없고 갈사국은 한쪽에 치우쳐 있어 안락하기는 하나 스스로 나라를 이루기 어렵도다.

나 또한 재주와 지혜가 부족하여 나라를 일으킬 가망이 없으니 항복하여 살길을 도모하자고 하였다.

드디어 옛 도읍지의 백성(동부여 백성) 일만여명과 함께 고구려에 투항하니 고구려에서는 그를 왕으로 봉하여 연나부(장당경 서북)에 살게 하였다. 이를 연나부 부여(서부여)라 한다.

또 그의 등 뒤에 띠 같은 무늬가 있어 낙씨(絡氏) 성을 내려 주었다.

그후 차츰 자립하여 개원(장당경) 서북에서 백랑산(지금의 백록산; 요령성 객자현 남서쪽 대릉하 서쪽 강변) 계곡으로 옮겨 갔는데 연나라와 가까운 곳이 었다.

당시 선비족 모용외에게 패한 연나부 부여(서부여)의 의려왕(또는 그의 아들 의라)은 무리 수천명을 이끌고 일본으로 건너가 (AD 285년) 일본을 점령하고 왕이 되었다.

이 의려왕(또는 아들 의라)이 곧 일본서기에 나오는 15대 응신왕으로 일본 최초의 통일 왕조인 야마토(大和) 왜를 건설 하였다.

또 그당시 백랑산 계곡에 남아 있던 무리는 서진(西晉)의 도움으로 1년후 다시 나라를 세워 역시 연나부 부여(서부여)의 망명정권으로 남아 있었는데 그뒤 고구려 21세 문자열제 명치 갑술년(단기 2,827년, AD 494년)에 이르러 고구려에 굴복하여 들어가니 연나부 부여(서부여)의 낙씨는 마침내 망하였다.

고구려는 19세 광개토태왕(AD 391년~413년) 20세 장수태왕(AD

413년~491년) 21세 문자태왕(AD 491년~519년) 때에는 옛조선의 광활 했던 영토 대부분을 회복하여 서로는 제(산동성) 노(하남성) 오(강소성) 월(절강성) 땅이 북으로는 실위(몽고) 비려(과려;흉노의 후예) 평량(감숙성) 연해주(러시아 아무르강 유역) 땅이 남으로는 백제 신라 가야및 일본의 임라(대마도) 이국(이세;관동지방) 왜(야마토;기내지방;이잔국) 등을 정벌하여 신하로 삼았으니 실로 동북아의 대제국이었다.

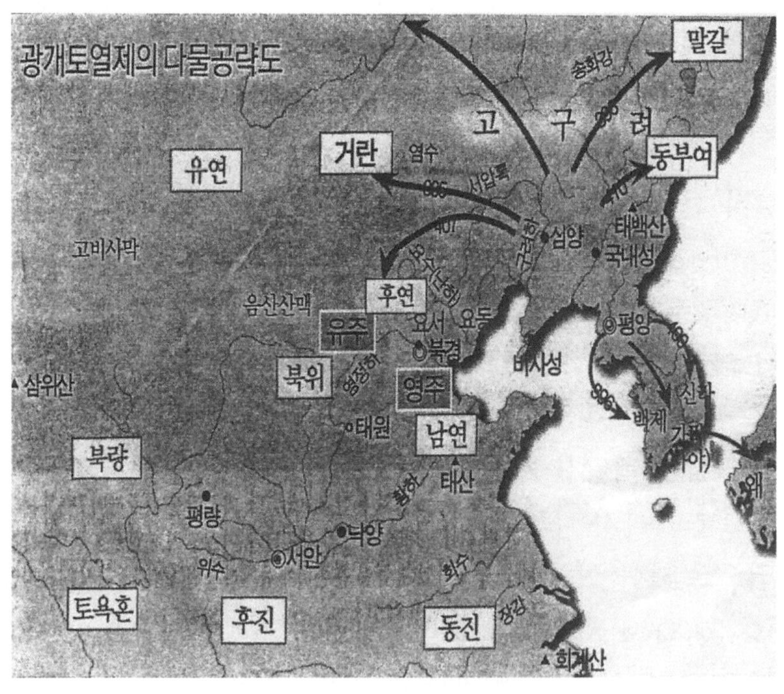

광개토열제의 다물공략도

◇열국시대 이후의 국통맥◇

진조선을 이은 북부여의 국통은 고구려로 계승 되었다.

아들이 없던 북부여 6세 고무서 단군은 자신이 천제의 아들(天帝子)이라고 밝힌 고주몽을 범상치 않은 인물로 여겨 둘째 딸 "소서노"와 결혼시켜 사위로 삼은 후 주몽에게 대통을 물려 주었다(BC 58년).

고무서단군을 송양으로 보는 학자도 있으나 송양은 비류국 왕으로 삼국유사에는 송양의 딸은 주몽의 아들 유리왕과 결혼한 것으로 되어 있다.

그러나 삼국사기에는 "소서노"가 연타발(졸본 사람으로 많은 부를 축척하여 주몽이 고구려를 개국하는데 큰 도움을 준 사람)의 딸로 기록 되어 있다.

고주몽은 북부여의 시조 해모수의 현손(고손자)으로 해모수의 둘째 아들 고진(고구려후;고리국왕)의 손자인 불리지 고모수(옥저후)의 아들이다.

원래 동부여 땅에서 태어 났고 어머니의 뜻을 받들어 자기의 고향인 북부여를 찾아가 고무서단군의 사위가 되었고 마침내 북부여 7세 단군이 되었다(BC 58년 주몽의 나이 23세 때임).

그후 20년 뒤 나라 이름을 북부여에서 고구려로 바꾸었으니(BC 37년) 고구려는 북부여를 계승한 나라이다.

우리가 배운 고구려 역사는 (BC 37년~AD 668년;706년) 건국에서 패망까지 700년이 조금 넘는다.

그런데 중국 사서인 "신당서"를 보면 시어사 가언충이 요동에서 돌아와 당 태종에게 전황을 보고 하는 중에 고구려는 900년을 넘기지 못하고 팔십먹은 장수에게 망한다고 하였다는 말을 전한다.

이것이 바로 신라 최치원이 당나라 유학할 때 듣고 놀랐다는 고구려 900년 설이다.

어떻게 고구려 역년이 900년이 되는가?

고주몽이 해모수를 태조로 하여 제사를 모셨다는 삼성기 상(上)의 기록에 그 실마리가 있다.

해모수가 북부여를 세운 때 부터 계산하면 고구려의 역년은 900년이 약간 넘는다(BC 239년~AD 668년;908년).

고구려는 북부여의 연장 선상에 있으므로 북부여를 원고구려라 할수 있다.

원고구려→고구려→후고구려(고려)로 이어지는 역사는 우리 국통맥을 이어가는 결정적인 요소 중의 하나이다.

앞에서 본 바와 같이 고구려 백제 신라는 모두 한뿌리(북부여)에서 나온 형제의 나라이다.

고구려의 건국자 고주몽은 북부여의 건국자 해모수단군의 차남인 고진의 손자 고모수와 하백의 딸 유화부인 사이에서 태어났고 백제의 시조 비류와 온조는 북부여 6세 고무서단군의 딸 소서노와 주몽 사이에서 태어 났으며 신라의 시조 박혁거세는 북부여 5세 고두막단군의 딸 파소의 몸에서 태어 났으니 이들

세 나라의 건국자는 모두 북부여 혈통에서 나온 사람들이다.

그러나 김부식이 삼국사기를 쓰면서 북부여의 역사를 아예 빼버리고 신라 중심의 삼국의 역사만을 쓴 관계로 백제와 신라의 건국 혈통이 북부여와 단절되어 버리는 우를 범하였던 것이다.

고구려가 망한후 고구려의 유장 대중상과 그의 아들 대조영이 고구려의 옛 영토를 회복하고 "대진"(大震;발해)을 건국하였다.

동방을 뜻하는 진(震)을 이름으로 취하여 "동방 광명의 큰나라" "위대한 동방의 나라"를 세웠다.

흔히 쓰는 "발해"는 당나라가 대진을 폄하하여 발해라는 바다 이름에서 따 붙인 것이다.

대진은 동북아의 주인이었던 고구려의 계승자로 당시 국경을 맞대고 있던 신라와 달리 독자적인 연호를 쓰고 황제 칭호를 사용 하였다.

대진은 해동성국(海東盛國)이라 불릴 정도로 강성하였으나 멸망 당시의 제왕들은 당의 문물에 심취하여 삼천년이나 사용하던 우리 문자(신지문자)를 버리고 한문을 전용 함에 나라의 근간이 흔들려 대진에 복속되었던 부족들이 이탈 되더니 15세 애왕 때에 이르러서는 거란(요)이 부족을 통일하고 대진과 국경을 접하게 되자 이탈했던 부족들이 거란에 귀복하게 되고 또 지배층(고구려 후예)과 일반백성(말갈족;숙신국 즉 신지 씨의 후손)과의 사이에 민심이 이미 대진국 조정을 떠나 있었기 때문에 거란의 야율아 보기의 침략을 받아 제대로 한번 싸워 보지도 못하고 20여일 만에 쉽

게 멸망하고 말았다.(926-678=249년간 유지 되었슴)

그리고 대진 멸망후 도성의 유물이나 유적 등이 거의 남아 있지 않은 것도 곧이어 일어난 백두산 대폭발(936~939년 또는 946~947년으로 추정됨)로 인한 화산재 등이 유물 유적들을 모두 덮어 버렸기 때문이기도 하다.

이 화산재가 일본까지 날아가 5cm가 넘게 쌓였으며 화산재가 태양빛을 차단하여 작물 생육에 지장을 초래하여 대기근이 발생하였다는 중국측 기록도 있다.

통일 신라와 대진이 공존한 남북국시대가 끝난후 한민족의 국통은 고려 조선 대한민국으로 계승 되었다.

고조선 시대 사관 신지 발리가 지은 "신지비사"에 따르면 한민족의 국통은 아홉번을 바뀌어 전개 된다고 하였다.

그의 예언처럼 실재 우리 나라는 ①환국→②배달국→③고조선→④북부여와 열국시대(고구려 읍루 동부여 옥저 동예 낙랑국 남삼한 등)→⑤사국시대(고구려 백제 신라 가야)→⑥남북국시대(대진 통일신라)→⑦고려→⑧근세조선→⑨대한민국으로 국통맥이 아홉번에 걸쳐 크게 변화 하였다.

제 4장 삼국(백제 신라 가야)의 분립

1. 백제의 시조와 건국과정

고구려 주몽 성제가 재위할 때 일찌기 말씀 하시기를 만약 적과 (的子) 유리(원후元后;예씨 부인 아들)가 오게 되면 마땅히 태자로 봉할 것이다 라고 하셨다.

이에 소서노(召西弩;小后;북부여 6세 고무서 단군의 둘째 딸)는 장차 자신의 두 아들인 비류와 온조에게 이롭지 못할 것을 염려하였다.

유리는 주몽이 동부여 시절 예씨 부인에게서 태어 났는데 주몽은 유리가 태어 나기 전에 동부여를 떠났기 때문에 어릴 때에는 아버지 없이 자라났다.

주몽은 동부여를 떠나기전 자기가 가지고 있던 칼을 부러뜨려 한 동강을 예씨 부인에게 주면서 다음에 아들이 태어나면 증표로 삼도록 하였다.

후일 유리는 어머니가 전해준 부러진 칼날을 지니고 고구려로 아버지 주몽을 찾아 왔고 주몽은 그것을 자기가 가지고 있던 다른 한쪽과 맞 붙여 보고 자기의 아들이 틀림 없음을 확인하고 황

궁에 거처 하도록 하였다.

소서노는 염려가 현실이 되었고 두 아들도 딴 곳으로 가서 살림을 차리기를 원하였다.

그러던 중 경인년(단기 2,292년, BC 42년) 3월에 사람들께서 패대(浿 帶)의 땅(패수와 대수지역;하북성 난하 서쪽 부근;백제 건국의 시원지)이 기름지고 물자가 풍부하다는 말을 듣고 주몽 성제의 허락을 받아 고구려를 떠나 남쪽으로 내려가 진 번(진한과 번한) 사이에 있는 바다 가까운 외진 땅에 이르렀다.

그곳에 정착한지 10여년 만에 밭을 사서 장원을 두고 재산을 모아 수만금에 이르니 원근에서 소문을 듣고 찾아와 따르는 자가 많았다.

남으로 대수에 이르고 동으로는 큰 바다에 닿는 오백리나 되는 땅이 모두 그의 소유였다.

그리고 주몽 성제에게 사람을 보내 글을 올리고 주군(主君)으로 섬기기를 원한다고 하였다.

이에 주몽 성제께서도 매우 기뻐하며 칭찬하시고 소서노를 책봉하여 어하라(於瑕羅)라는 칭호를 내렸다.

이와 같이 백제의 시초는 고구려의 제후국으로 시작 되었다.

어하라 재위 13년(단기 2,315년, BC 19년)에 이르러 소서노가 세상을 떠나고 태자 비류(沸流)가 즉위하였다.

그러나 비류에게는 따르는 사람이 없었다.

이에 마려 등이 온조(溫祚)에게 이르기를 신이 듣기로 마한의 쇠망이 임박하다 하니 거기로 가서 도읍을 세울 때라 생각 하옵니다 하니 온조가 좋다하며 동의하였다.

이에 배를 만들어서 타고 바다를 건너 먼저 마한의 미추홀(인천 부근)에 이르러 사방을 돌아다녀 보았으나 텅비어 사람이 보이지 않았다.

오랜 뒤에 드디어 한산(漢山;현 서울지방)에 이르러 부아악(북악산)에 올라 살만한 땅을 찾아 보았다.

그때 오간 마려 등 신하 열명이 간하였다.

오직 이곳 하남(河南) 땅은 북으로 한수(한강)를 끼고 동으로 높은 산이 자리잡고 남쪽으로는 기름진 평야가 열리고 서쪽은 큰 바다 (황해)가 가로막혀 있습니다.

이처럼 천연적으로 험준한 지형과 지리적인 이로움은 얻기가 쉽지 않은 형세이오니 마땅히 이곳에 도읍을 정하는 것이 옳을 것입니다. 다른 곳을 더 찾지 마옵소서 하였다.

온조가 신하 열명의 의견을 좇아 드디어 하남 위지성(河南 慰支城;현 위례성;송파구 풍납토성)에 도읍을 정하고 국호를 백제(百濟)라 하였다.

백사람이 배를 타고 건너 왔기 때문에 그렇게 부른 것이다.

뒤에 비류가 세상을 떠나자 그 신하와 백성이 땅(하북성 난하 서쪽의 패 대의 땅)을 온조에게 바치며 귀부하고 복종하였다.

그후 백제의 패 대의 땅은 5세기 까지 백제의 땅으로 존재하다가 고구려 문자열제 명치 12년에 고구려에 병합되었다.

또 마한왕(번조선 상장군 탁이 세운 중마한의 8대 목왕)의 정치가 그 도를 잃어 나라의 세력이 자꾸 약해지므로 온조가 사냥을 핑계 삼아 마한을 습격하여 그 국도를 점령하고 주변의 50여개 나라를 차례로 공격하여 다 멸하였다.

이로서 마한(중마한)이 멸망하고 그 땅에는 백제가 들어 서게 된 것이다.

삼국사기 백제본기에는 백제의 건국을 소서노가 하북 위례성(현 한양)에 도읍 하였다가 13년 후에 소서노가 죽고 서북의 낙랑국(평양 부근)이 자주 쳐 들어와 괴롭히므로 새 터를 찾아 옮기기로 하고 터를 살폈는데 왕자 사이에 의견이 불일치 하여 어쩔 수 없이 토지와 인민을 두갈래로 분립하였는데 비류는 미추홀(인천 부근)에 도읍하고 온조는 하남 위례홀에 도읍하게 된다.

비류의 미추홀은 토지가 습하고 물이 짜서 사람이 살 수 없으므로 인민이 흩어져 달아 났으나 온조의 위례홀은 수토가 적합하고 오곡이 잘 되어 인민이 편히 살 수 있었다.

이에 비류는 창피하고 분하여 병이 나서 죽고 그 신민이 모두 온조에게로 오니 동 서 백제가 다시 하나로 되었다고 한다.

그러나 삼국사기의 기록은 믿을 것이 못된다.

중국의 주서 수서 북사 백제전에 백제가 첫 나라를 대방의 옛 땅에 세웠다고 하였고 대방은 낙랑군 둔유현 이남의 땅인데 낙랑군은 중국의 하북성 난하 유역에 있었으므로 낙랑군을 나누어 설치한 대방군 또한 그 부근에 있는 것은 너무도 명백한 사실이기 때문이다.

또 수서 지리지에 요서군에 대방산이 있다고 하였다.

그리고 고조선(번조선) 초대 임금 치두남이 요중에 쌓은 12성 가운데 백제라는 성이 있었으므로 소서노가 대방고지의 백제 땅에 정착한 계기가 되어 훗날 백제가 건국 되었다라고 보는 것이 합당할 것이다.

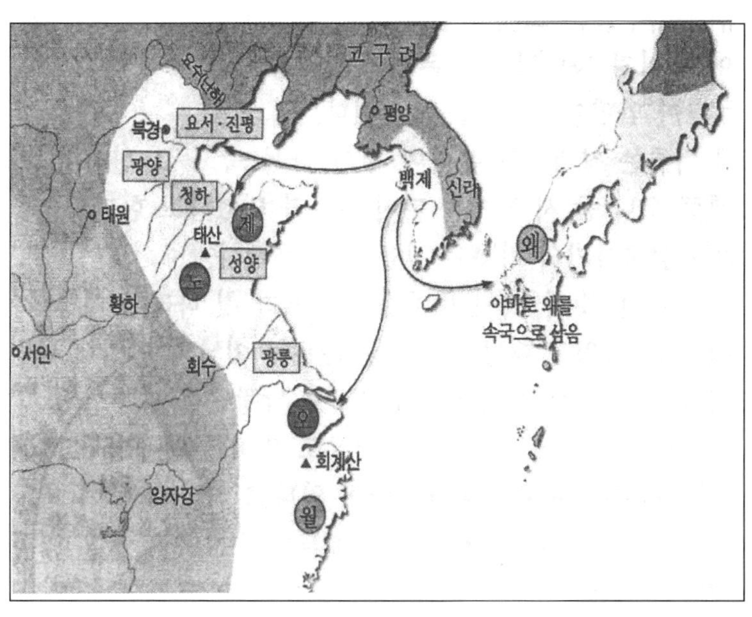

백제의 해외 경략과 통치지역

백제와 신라 시조의 이동과 건국

백제는 태국(섬라) 캄보디아(부남) 오끼나와(유구) 대만 필리핀 인도 대식국(사라센) 등과 교역을 통하여 해상 왕국을 건설하고 또 해외 영토 개척에도 힘을 쏟아 종래의 패 대의 땅에 요서군

(하북성) 진평군(하남성) 2군을 설치하여 400년이 넘는 오랜 기간 동안 우현왕을 두어 다스렸으며 전성기(근구수왕 동성왕) 때에는 북위의 두 차례의 침범을 폐퇴시키고 산동성의 불기(기발성)에 백제의 서경을 설치하여 산동성 강소성 절강성 황하 양자강 등 중국 동안 경략을 위한 교두보로 활용 하였다.

또 좌현왕을 두어 일본 열도의 야마토(大和) 왜(기내지방;이잔국)를 속국으로 삼아 다스리기도 하였다.

중국 대륙과 일본 열도에 백제라는 지명이 무수히 남아 있음을 볼 수 있고 백제는 위성국인 왜를 신라와 고구려와의 전쟁에 여러 차례 동원하기도 하였다.

2. 신라의 시조와 건국과정

계립령(조령;문경새재) 이남은 곧 지금의 경상도 전체를 일컫는 것이니 계립령 일대로 충청북도를 막고 태백산으로 지금의 강원도를 막으며 지리산으로 지금의 충청남도와 전라도를 막으며 남과 동으로는 바다가 둘러 쌓여서 따로 한판을 이루고 있었다.

이러한 지리적 여건 때문에 고조선(북삼한) 시대에도 마한의 영향권에서 거의 벗어나 있었고 또 세상의 변화 소식과는 동 떨어져서 진한 변한의 자치부 수십개 나라들이 비옥한 토지를 이용하여 벼 보리 조 기장 등의 농업과 양잠 직조에 힘써서 곡류와 포백류를 생산하고 철을 캐서 북방 여러 나라에 공급 하였고 변진은 음악을 좋아하여 "변한슬"이란 것을 창작하여 문화가 매우 발달하였다.

그러나 일찌기 북방의 유민으로서 마한(중마한)의 봉지를 받았기 때문에 마한의 통제를 받았고 마한이 망하고 난 뒤에는 백제의 통제를 받았다(매년 알현하고 토산품을 받쳤슴).

뒤에 진한 12자치부(고조선 진한 12 나라를 본 떠서)는 사로가 제압하여 신라국이 되고 변한 12 자치부(고조선 변한 12 나라를 본 떠서)는 6가라 연맹이 되어서 서서히 백제에 대항하기에 이르렀다.

사로(신라의 옛 이름)의 첫 임금 박혁거세는 선도산 성모(仙桃山聖母)의 아들이다.

옛적에 부여 황실의 딸 "파소"가 지아비 없이 잉태하여 남의 의심을 사게 되었다.

이에 눈수(흑룡강의 지류인 눈강)에서 도망하여 동옥저(함경북도 지방;일명 갈사국)에 이르렀다가 다시 배를 타고 남쪽으로 내려가 진한 6부의 나을촌(양산 기슭에 있는 나정숲)에 이르렀다.

이 선도산 성모 "파소"에 대하여 "태백일사 고구려국본기"에는 북부여 5세 단군 고두막 한(일명 동명왕)의 딸이라고 되어 있다.

그러나 "삼국유사"에는 선도산 신모는 본래 중국 한나라 황실(전한 8세 소제나 9세 선제)의 딸이었는데 이름은 사소 였다 라고 하였으며 사소가 처음 중국에서 진한(辰韓;신라 이전의 이름)에 와서 박혁거세를 낳았다고 기록하여 파소와 박혁거세의 혈통을 중국 혈통으로 왜곡시켜 놓았다.

그러나 정작 중국측 사서에는 어디에도 그런 기록이 보이지 않는다.

반면 "삼국사기 신라본기"에는 이 보다 먼저 진조선 유민이 이곳(신라 땅 나을촌)에 와서 동해변 산골짜기에 흩어져 살면서 여섯 촌락(진한 6부촌)을 이루고 있었다 라고 하였는데 이것으로도 선도산 성모가 부여계 출신임을 명확히 알 수 있다.

파소가 임신하여 낳은 것이 박 만한 알인지라 두려워서 버렸다고 한다. 이때 소벌공이 양산 아래 라정 곁에서 말이 꿇어 앉아 우는 것을 보고 이상히 여겨 달려가 보니 말은 간 곳이 없고 큰 알이 하나 있었으므로 그것을 쪼개어 보았더니 거기서 갓난 아이가 나왔다.

이에 소벌공(소벌도리;사량부 최씨의 시조)이 아이를 거두어 집에 데려가 키워서 양 아들로 삼고 이름을 혁거세라 하고 큰 알이 박만 하다고 하여 성을 박(朴) 씨로 하였다.

박혁거세 나이 13세가 되자 총명이 뛰어나고 일찍 숙성하여 성덕이 있었다.

이에 진한 6부(양부;알천 양산;이씨,사랑부;돌산 고허;최씨,점량부;무산 대수;손씨,본피부;자산 진리;정씨, 한지부;금산 가리;배씨, 습비부;명활산 고고야;설씨)가 함께 받들어 거서간(신라의 왕호)으로 모셨다(BC57년).

서라벌(경주)에 도읍을 세워 나라 이름을 "사로"라고 하였다.

이와 같이 박혁거세가 사로의 시조가 되었다.

사로가 훗날 "신라"로 명명 되었다.

신라는 진한 6부 전체를 부르는 명칭이 아니라 6부 중의 하나인 사량부의 명칭이다.

신라본기에는 신라의 처음 이름을 서라벌이라 하였는데 서라벌은 새라(냇가) 위에 있는 벌판 곧 넓은 들이기 때문에 그렇게 부른 것이다.

뒤에 석(昔) 김(金) 두 성씨도 당초 사량부 내에서 서로 통혼하는 거족인데다 같이 모여서 의논한 결과 6부 전체를 세 성이 돌아 가면서 왕을 하는 형국의 나라로 만들었는데 뒤에 이것이 변하여 세습 왕조의 나라가 되기에 이른 것이다.

박혁거세 39년(BC 19년) 아진포구(영일만)에 금궤 하나가 흘러왔는데 한 노모가 그것을 건져 올려 궤짝을 열어 보니 궤짝속에 아이가 있었으므로 노모가 데려가 길렀는데 인물이 동탕하고 지식이 뛰어 났다.

사람들이 궤짝을 풀어서 아이가 있었으므로 이름을 탈해(脫解)라 하고 궤짝이 포구에 와 닿을때 까치 한마리가 날아와 울며 따라 다녔으므로 까치 작(昔鳥)자의 뒤 한쪽을 생략하여 성을 석(昔)씨라 하였다.

뒤에 유리 니사금(3대왕)이 서거하면서 왕위를 석탈해에게 전하였다.

또 석탈해(4대왕) 9년(AD 65년) 금성 서편 "시림"에서 닭우는 소리가 들려 새벽에 대보 호공을 보내어 살펴 보게 하였더니 나뭇가지에 금색의 한 작은 궤가 걸려 있고 그 밑에 흰 닭이 울고 있었다.

왕이 사람을 보내어 금궤를 가져와 열어 보니 그 속에 작은 아이가 들어 있었다.

왕이 기뻐하며 하늘이 나에게 아들을 내려준 것이라 하고 거두어 길렀다.

차차 자람에 총명하고 지략이 많으므로 알지(閼智)라 하였고 금궤에서 나왔다하여 성을 김씨라고 하였다.

또 시림(始林)을 고쳐 "계림"(鷄林)이라 하여 써서 국호로 삼았다.

김알지는 흉노 휴도왕의 태자 김일제의 후손이다.

한(서한;전한)의 무제가 위청 장군과 곽거병 장군 등을 동원하여 흉노를 정벌할 때 김일제는 아버지 휴도왕과 함께 한나라에 붙잡혀 전쟁 포로가 되었는데 뒷날 김일제가 한무제를 암살하려는 역모 계획을 사전에 인지하고 무제에게 고하여 무제의 목숨을 구해준 공으로 한나라의 포로에서 석방 된 바 있고 무제로부터 "제천금인"이라 하여 김씨 성을 하사 받았다.

그 김일제의 7세 후손이 신라로 내려 왔는데 그가 김알지이고 신라 김씨의 시조가 되었다.

또 김일제의 동생인 김륜의 후손은 가야로 내려 왔는데 김수로왕은 그의 후손이라고 한다.

신라는 진흥왕 때에는 영토를 넓혀 함경도에 이어 지금의 만주 길림성 동쪽까지 소유 하였다.

"만주원류고"와 "길림유력기"에 길림은 본래 신라의 땅이고 경주 "계림"을 본 따서 "길림"이라 이름 지었다고 한다.

신라는 태종 무열왕 김춘추와 명장 김유신에 의하여 당나라와 연합하여 백제와 고구려를 멸망시키고 삼국을 통일한 작은 업적을 남긴바 있으나 한민족사 전체를 놓고 보았을 때 북부여에서 갈려나간 한 뿌리의 형제 나라였던 고 구려 백제 신라 삼국이 힘을 합쳐 당나라에 공동 대항하여 당나라를 물리쳤다면 한민족의 역사가 더욱 빛나지 않았을까 하는 부질 없는 생각을 한번 해 보기도 한다.

1,912년 청나라와 일본 간에 체결한 간도협약(일본은 만주를 청나라의 영토로 인정하고 대신 청나라는 일본에 남만주 철도 부설권을 주는 것이 협약의 주된 내용이다)에 의하여 한,만 국경이 압록강 두만강으로 확정 되었으나 1,712년 숙종 38년 5월 15일 청나라와 조선의 국경을 정한 백두산 정계비에는 조선의 영토는 압록강→토문강→송화강→흑룡강(아므르강)으로 확정되어 있었다.

다음 면의 지도는 1,924년 프랑스 파리에서 발행한 "한국의 천주교"라는 책에 실린 지도인데 이는 로마 카톨릭의 한국선교 교구를 표시한 지도이다.

한국의 교구를 세 개로 나누어 대구교구와 경성교구 그리고 원산교구로 정했는데 원산교구에는 함경남도+간도성+길림성+흑룡강성 일부로 잡고 있어서 과연 백두산 정계비 대로 압록강→토문강→송화강→흑룡강을 국경선으로 인정하고 있다.

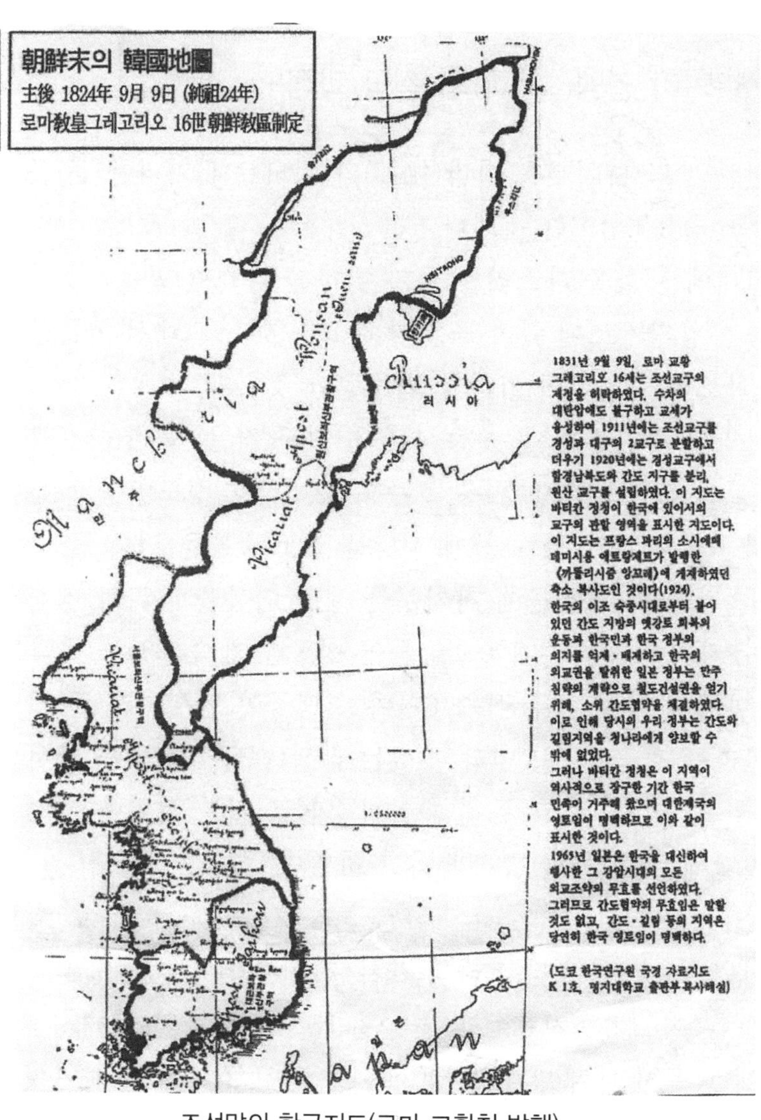

조선말의 한국지도(로마 교황청 발행)

3. 가야 연맹(육가야)의 건국 과정

변한의 각 자치부를 가라(伽那)라 칭하는데 가라는 큰 못 또는 큰 늪(大沼;대소)이란 뜻이다.

고대에는 물을 다스리는 자가 천하를 다스렸다.

농경 철기 제조에 있어 물은 필수 요소였다. 그래서 이들은 용수를 확보하기 위하여 가라를 만들었던 것이다.

가라의 자치부는 큰 곳은 4~5천 가구 작은 곳은 6~7백 가구에 불과 하였으며 연맹 총 호수도 4~5만호 정도였다고 한다.

이들은 자기가 사는 곳에 제방을 쌓고 냇물을 막아 큰 못이나 늪을 만들고 그 부근에 자치부를 세워 이름을 가라라 칭하였다.

이 자치부(성 읍 단위의 고을)들이 성장을 계속하면서 세력을 키워 마침내 여섯 종주국 즉 6가야 연맹국이 탄생하게 된 것이다.

가라를 관국(官國) 이라고 썼는데 관(官)은 그 음을 따서 "가"로 읽고 국(國)은 그 뜻을 떼어서 "라"로 읽는 것이다.

옛날에는 나라(國)를 "라"라고 하였다. 따라서 "관국"은 "가라"로 읽는 것이다.

기원(AD) 42년에 각 가라의 자치부원(9추장;아도간 여도간 피도간 오도간 유수간 유천간 신천간 신기간 오천간)들이 지금의 김해시 구지봉위에 모여서 대계(당시 자치회 이름)를 열고 김수로왕의 여섯 형제(여섯 개의 금란에서 태어난 형제;김소로왕이 가장 먼저 태어남)를 추천하여 여섯 가라의 군장으로 삼았다.

즉 이것은 토착 세력이 이주 세력을 흡수 합작하여 나라를 세웠음을 의미하는 것이다.

삼국사기에는 하늘에서 붉은 보자기에 쌓인 황금 상자가 내려왔고 상자 속에는 여섯 개의 알이 들어 있었다고 하는데 그것은 소호(少昊) 금천씨의 후예들이 도래 하였다는 것의 와전인듯 하다고 한다.

소호 금천씨는 우리 맥족인 봉씨 족의 조상이었으며 동이의 군장으로서 산동성 공상에서 태호 복희씨의 유업을 이었고 치우천황의 구법을 익혀 중국의 곰족을 서중국으로 몰아 내어 헌원에게 넘어간 중원 통치권을 회복하였으며 쇠를 단련하여 철기문화를 일으켰으므로 소호를 금천씨라 하였다.

그들의 후예가 다스리던 담국(담자가 건국한 나라;산동 반도에 있었슴)이 망하자 철기 작업에 능한 무리들이 진국의 남쪽 변한에 흘러 들어와 철기 문화를 일으켰으므로 거북이를 위령으로 받드는 토착민들이 이들 형제를 왕으로 모신 듯 하다.

소호 금천씨는 동이족으로 헌원의 혈통과는 연관성이 없으나 후대의 한족(漢族) 사가들이 헌원의 혈통에 끌어 붙인듯 하다고 한다(대만의 역사학자 쉬량즈 교수).

이 땅에 사는 김씨들은 선대의 봉씨족(소호 금천씨)과 신라와 가야 왕국의 후예라고 적고 있다.

이에 김수로는 제1 가라 즉 경남 김해지방의 주인이 되어 신 가라 라 칭하였다. 신 가라에서 신은 크다(大)의 뜻이 있고 머리(首; 수)의 뜻이므로 신 가라를 금관국이라고 이전 사서에서 한문으로 번역한 것이다.

가락국 수로왕비 허황옥은 인도 남부 아유타국의 공주로 나이 16세에 배를 타고 바다를 건너와 수로왕의 왕비가 되었는데 공주가 배를 타고 올때 파도신을 잠재우기 위해 파사 석탑을 가지고 왔는데 지금도 그 석탑이 왕비릉 경내에 설치 되어 있다.

수로왕비가 우리 나라에 처음으로 불교를 들여온 것이다.

어느날 아유타 국왕의 꿈에 상제님(하느님)께서 나타나 바다 멀리 동방의 가락국왕 수로는 하늘에서 내려 보낸 왕으로 신성한 사람이나 아직 혼처를 구하지 못 하였으니 그대의 딸(공주)을 보내 배필로 삼게 하라는 명을 받았는데 꿈에서 깨어난후 왕은 시종 20명과 붉은 비단과 금 은 보석 장신구 등을 배에 싣고 공주를 태워서 가락국으로 보냈다.

한편 가락국에서는 수로왕이 왕위에 오른지 7년이 되는해(기원후 48년)에 구간들이 모여 왕에게 왕후 삼기를 청하니 수로왕이 말하기를 내가 이곳에 온 것은 하늘의 명이니 그대들은 염려하지 말라 하고는 유천간에게 명하여 망산도(望山島)에 가서 붉은 돛을 단 배에 탄 왕후를 맞이하여 오게 하였는데 배가 오는 것을 보고 수로왕이 직접 궁궐로 모셔 왕후로 삼았다.

인도의 남부지방에 사는 사람들은 농기구와 농사에 쓰이는 말이 우리와 같고 솟대도 우리와 같다고 한다.

고조선 3세 가륵단군 8년(기원전 2,175년) 강거(험독 즉 왕험성의 수장으로 병권을 쥐고 있었슴;이때 험독후는 "애신"이었다)가 반란을 일으켰을때 임금이 티베트 지방까지 가서 강거를 토벌 하였는데 이들은 티베트 지방에 살던 화이의 후예로 뒷날 한(漢)의 세력에의해 인도 남부 지방까지 옮겨가 살았는데 가락국 수로왕비 허황옥은 바로 이 화이의 후예들이 세운 아유타국의 공주였다.

금관국은 전기 가야 연맹의 맹주로서 수로왕 당시에는 신라 보다 힘이 더 세고 강한 나라 였다.

신라 파사왕(5세왕)때 음즙벌국(경주 북쪽지방;안강 기계지방)과 실직국(삼척지방)의 영토 분쟁을 파사왕이 결정하지 못하여 수로왕이 판결해 주어 세 나라가 기꺼이 복종하였으며 이를 고맙게 여긴 파사왕이 수로왕을 초청하여 연회를 베풀기도 하였다.

제 2는 임라가라이다. 지금의 경북 고령 앞을 흐르는 내를 막아 가라를 만들고 이두 문자로 미마나(彌摩那) 혹은 임라(任那)로 쓴 것으로 여섯 가라 중에서 그 후예들이 가장 강대하였기 때문에 그 이전 사서에서 대가라(大加羅) 혹은 대가야(大加耶)라고 기록한 것이다.

제 3은 안라가라이다. 지금의 경남 함안 지방으로 대가야와 함께 후기 가야 연맹의 강소국이기도 하였다.

제 4는 고링가라로 지금의 경북 상주 함창 지방이다. 고링가라가 촉음(促音)으로 와전되어 공갈이 되었는데 지금의 공갈못이 가라를 만든 그 유허지이다.

여섯 가라 중에서 오직 이것 하나만이 가라(연못 늪)의 유허로 남아 전해 오면서 그 물속의 연꽃과 연잎이 오히려 수천년의 풍광을 말해주는듯 하였는데 조선 고종 광무 년간에 총신 이채연(李采淵)이 논을 만들려고 그 제방을 그만 터 버려 아주 폐허가 되었다.

제 5는 별뫼가라이다. 지금의 경북 성주 지방이며 성산가라 혹은 벽진가라 라고도 한다.

제 6은 구지가라이다. 지금의 경남 고성 지방으로 육가라 중에서 가장 작은 나라이므로 소가라 라 칭하였다.

여섯 가라가 처음에는 김수로 형제들의 연맹국이었으나 그 뒤에 연대가 내려 갈수록 서로 사이의 촌수가 멀어져서 각자의 독립국이 되어 각자 행동을 취하였는데 삼국사기에 이미 육가야 본기를 빼 버리고 신라 본기와 열전에 신라와 관계된 가라의 일들만 기록해 놓은 것 중에 신가라를 금관국 이라고 쓴것 외에는 기타 다섯 가라는 거의 구별없이 모두 가야(加耶)라고만 써서 그 가야가 어떤 가라를 가리키는 것인지 모르게 된 것이 많다.

그리고 신라가 가야를 병합한 후에도 가야의 끈질긴 부흥 운동에 골머리를 앓았고 가야의 혼을 억눌러 다시는 힘을 쓰지 못하도록 하기 위하여 가야의 상징인 거북이의 등 위에 묵직한 돌을 얹어 비석을 세워 놓은 것만 보아도 당시 가야의 힘이 어느 정도였는지 짐작이 가능한 것이다.

김부식(신라 귀족의 후손)이 삼국사기를 신라 위주로 쓴 관계로 여섯 가라의 연대도 상당히 삭감된 듯 하며 학계에서는 가야의 역사를 700년 정도로 보고 있으나 구체적으로 밝힌 방법이 없어 안타까울 뿐이다.

다만 기원전 1,100년 경부터 소읍성 위주의 작은 여러 가라 부락이 형성된 것으로 보이며 이들이 성읍국으로 발전하면서 지역별로 여섯 맹주(종주)국 권을 형성한 것으로 볼 수 있다.

여기서 여섯 가야중 건국이후 신라와 가장 악전 고투한 강소국이었으며 후기 가야 연맹의 맹주였던 임라가야(대가야 또는 반파국이라고도 함)에 대하여 살펴 본다.

임라가야는 이진아시왕으로 부터 도설지왕(월광 태자)에 이르기까지 16세 왕에 520년간(AD 562년-AD 42년=520년) 지속된 것으로 되어 있으며 이진아시왕의 어머니는 하늘에서 내려와 가야산 산신이된 정견 모주이고 아버지는 금관가야의 천군인 이비가지이다. 천군은 하늘에 제사를 지내는 제사장을 뜻하는 말이다.

정견 모주가 수로왕(뇌질청여)과 이진아시왕(뇌질주일)을 낳은 것으로 되어 있는데 이진아시왕이 형이고 수로왕이 동생으로 되어 있으나 어떤 곳에는 수로왕이 형으로도 되어 있다.

임라가야는 실재에 있어서는 기원전 1,100년 경부터 6세기 중엽까지 1,600여년 존속하면서 막강한 국력과 일관된 통치 방식으로 세력의 변화를 원치 않으면서 연맹국간의 동맹관계를 지속해 왔던 것이다.

임라가야는 전성기에는 창원 함안 진주 사천 하동 구례 등 섬진강 연안 지역과 순천 광양 남원 임실 장수 등 전라도 동남부 지역까지 속현으로 거느릴 정도로 그 힘이 아주 막강 하였다.

임라가야가 후기 가야 연맹의 종주국이 된 결정적 계기는 AD 400년에 고구려 광개토태왕이 금관가야를 정복하자 당시 금관가야의 지배 계층에 있던 많은 사람들이 대마도(임라;3가라) 등으로 이주한 이후 부터 임라가야가 가야 연맹의 종주국이 되었다.

그후 신라가 낙동강의 지배권을 확보하고 사비 백제가 전라도 동남부 지역까지 그 세력을 학대 해 옴에 따라 임라 가야는 신라와 백제 양국에서 협공을 받는 처지가 되었고 거기에다 임라 연맹국의 배반까지 겹쳐서 그 힘이 차츰 약해져서 서서히 쇠락의 길을 걷게 된 것이다.

여기서 중요한 사실은 신라가 AD 2세기경 창녕의 비지국(非知) 대구의 다벌국(多伐)등 인근의 성읍국을 접수하고 4세기 초에는 지금의 경기도의 각 성읍을 평정하였으나 가야는 6세기 중엽까지 건드리지 않았는데 그것은 그 만큼 가야 연맹국들의 결속이 강하고 국력이 막강하였기 때문이었다.

또 왜구가 낙동강을 통하여 신라를 괴롭히면서도 가야와는 통상을 한 사실도 주목해야 할 것이다.

임라가야는 토지가 비옥하고 그 강역에서 쇠와 농산물이 풍부하게 생산되었고 왜국과의 교류도 빈번 하였으며 일찌기 왜국에 작은 분국을 만들고 한 때는 왜와 손잡고 신라를 괴롭히기도 하였다.

그러나 고구려 광개토태왕이 남정하여 백제와 금관가야가 정복을 당하고(AD 399년) 이어서 고구려가 왜를 정벌하러 갈때 임라가야와 안라가야는 부득이 신라와 함께 일본정벌에 상당한 군대를 파병하여 도와 주기도 하였다.

임라가야는 처음에는 신라와 싸울 때 마다 거의 모든 전투에서 이겼으나 신라 나혜 니사금(10세왕) 14년(AD 209년)에 임라에 소속된 포상(浦上)의 여덟나라(지금의 남해 사천 고성 진해 창원 함안 등)들이 배반하여 연맹군을 일으켜 임라로 쳐들어 와서 크게 승리하고 6천명을 포로로 잡아 갔으므로 임라왕이 그 왕자를 신라에 볼모로 잡히고 구원병을 청하였다.

이에 신라 태자 석우노(昔于老)가 6부의 정예병을 거느리고 달려가서 구원하여 여덟나라의 장수와 군사들을 물리치고 붙잡혀 갔던 포로 6천명을 빼앗아 임라에 돌려 주었다.

그로부터 나라의 힘이 약해져서 신라에 적극적으로 대항하지 못하였다.

그러나 중간에 신라와 힘을 합처 고구려를 돕기도 하였고 또 4국동맹 즉 신라 백제 임라 안라가 대고구려 공수동맹을 맺어(본 공수동맹은 40년간 유지 되었슴) 백제를 구원하기도 하였다.

AD 479년에는 임라가야 국왕 하지가 독자적으로 중국의 남제에 사신을 보내 공물을 바치고 남제로 부터 보국장군 본국왕의 칭호를 받기도 하였다.

이는 임라가야가 독립 외교를 펼쳤다는 증좌이면서 연맹체를 넘어 중앙집권 국가로 보아야 하는 증좌이기도 하다.

4국동맹이 해체된 이후 신라 지증 법흥 양대왕이 안라가야(지증왕 말년인 AD 512년에 김이사부에 의하여 신라에 병합됨) 금관가야(법흥왕 19년 AD 532년에 그 10세왕인 구해왕 또는 구형왕이 신라에 투항함) 성산가야(법흥왕 26년 AD 539년에 신라에 병합됨) 등을 멸망시키자 임라가야의 가실왕(일명 이뢰왕)이 두려움을 느끼고 신라의 귀골 비조부(比助夫;법흥왕의 누이 동생;양화공주)와 결혼하여 즉 혼인 동맹을 맺어 스스로를 보존하고자 하였다.

그러나 신라의 습격을 받아 끝내는 멸망을 당하고 말았다.

이것을 1차 멸망으로 보는데 진흥왕 12년(AD 551년) 즉 라 제 동맹에 의한 한강유역 영토 회복전쟁 이전으로 추정한다.

임라가야의 멸망과정을 살펴 보면 AD 513년경 백제가 임라가야의 강역인 남원 임실 등을 공격하고 하동까지 밀어 닥치니 위기를 느낀 가야 조정에서 신라에 도움을 요청하게 되는데 즉 이것이 가실왕이 신라 법흥왕의 누이 동생인 비조부와의 혼인 동맹이고 가실왕과 비조부 사이에서 아들까지 태어 났는데 그가 바로 월광 태자이다.

그런데 비조부(양화공주)가 임라가야로 시집을 올 적에 100명의 수행원을 데리고 왔는데 이들이 올 적에 모두 신라의 복장을 하고 들어 왔다.

그후 7년이 지난 뒤 가실왕이 이들에게 모두 가야의 복장으로 갈아 입도록 명을 내리니 신라가 가야를 괴씸하게 여겨 더 이상

믿지 못하고 혼인 동맹을 파기한 후 임라가야의 북쪽의 성 5개를 함락하고 또 창원지방 까지 처들어 오니 가야 조정에서 다시 친 백제 정책을 써 백제와 연맹을 맺으므로 신라의 미움을 사게 되고 끝내는 진흥왕에게 멸망을 당하게 되었다.

그러나 그것은 신라의 핑계 였고 사실은 신라가 임라가야를 복속시켜야 겠다는 계산된 계획에 의한 의도적인 침략으로 보아야 할 것이다.

가야 조정이 다시 친 백제 정책을 쓰자 이에 반발한 친 신라 세력이 대거 신라로 넘어 가게(망명을 함) 되었는데 이 때에 악성 우륵과 월광태자(후일 도설지왕)도 포함되어 있었다.

이때 신라 조정에서도 정치적 이용을 염두에 두고 이들과 가야 왕족을 받아 들이고 월광 태자에게는 장군의 직위를 부여하고 실제 전투에 투입하기도 하였다.

신라가 전투에서 싸워 공이있는 사람의 이름을 기록한 충북 단양에 있는 신라 적성비에 도설지의 이름이 있고 AD 561년에 세운 경남 창녕의 진흥왕 순수비에도 도설지의 이름이 나온다.

그뒤 가실왕이 왕족과 인민들로서 신라에 불복한 사람들을 거느리고 미을성(지금의 충주)으로 달아나 백제에 의뢰하여 신라를 막고 미을성을 새 도읍지로 정하였다(백제 성왕이 충주의 국원성을 떼어 주어 다시 왕국을 세우게 해 주었슴)

진흥왕 15년(AD 554년)에 백제 성왕이 구양(백마강 상류)에서 신라를 습격할 때 임라가야의 병사들도 따라 갔다가 새로 설치한 주(지금의 충북 옥천지방)의 군주 김무력의 복병을 만나 연합군이 모두 몰살을 당하였다.

이때 백제와 임라의 연합군 29,600명과 백제의 좌평 4명과 단한 필의 말도 살아 돌아 오지 못하였다고 하며 이 전투에서 백제 성왕도 전사하였다.

이때 임라가야도 물적 손실을 많이 보았으며 이 때문에 신라가 임라가야를 공격할 수 있는 빌미를 주게 되었고 백제도 더는 가야를 도울 수가 없었다.

신라는 AD 562년 9월에 망명하여온 월광태자를 임라가야의 민심 수습차원에서 잠깐 동안 도설지왕을 허수아비왕으로 앉혔다가 임라가야 전지역을 완전 정복한 후에 도설지왕(월광태자)을 다시 내쳤다.

이에 월광은 경남 합천군 야로면에 있는 절(월광사)을 창건하고 승려가 되어 그 곳에서 생을 마쳤다.

이에 앞서 백제 성왕은 신라 진흥왕과 연합하여 고구려 장수왕에게 빼았겼던 한강 유역의 6군을 회복하였으나 진흥왕이 배신하고 6군을 신라가 다 차지해 버리므로 이에 분노하여 성왕이 임라와 연합하여 신라를 공격하게 되었던 것이다.

이때 신라의 장수 김무력은 금관가야의 항복한 왕인 구해왕(구형왕)의 아들 이었는데 구해왕→김무력→김서현→김유신으로 이어지는 신라 조정 내에서 금관가야 왕실의 혈통이다.

기원 564년(진흥왕 25년;삼국사기에는 기원 562년 진흥왕 23년)에 신라의 병부령 김이사부와 화랑 사다함이 국원성을 쳐 들어와 옮겨와 있던 제2 임라가야가 멸망하고 대가야 국(임라가야)은 신라의 대가야 군으로 예속 되었다.

지금까지는 대가야(임라가야)가 경북 고령 지방에 나라를 세웠다가 그 곳에서 멸망한 것으로 기록해 놓았는데 그러면 대가야가 지금의 충주 지방에 제2의 터전을 잡았다고 하는 이유는 무엇에 근거한 것인가?

"삼국사기열전"에 강수는 중원경 사량인야(强首 中原京 沙梁人也)라고 하였고 강수가 스스로 한 말을 기록하여 이르기를 신본 임라가량인(臣本 任那加良人)이라고 하였으니 중원경은 충주이고 임라가량은 임라가야이니 이것이 임라가야가 충주로 도읍한 첫번째 증거이다.

강수는 임라가야의 대 문장가로서 신라의 통일전쟁 수행시 당나라와의 교류와 통역 번역 등에서 아주 미려한 문장력으로 외교 문서를 작성하여 당과의 큰 마찰 없이 통일 전쟁을 수행하는데 많은 기여를 한 사람이다.

"삼국사기악지"에 성열현인 우륵(省熱縣人 于勒)이라 하였는데 우륵은 임라가야의 악공이고 성열현은 지금의 청풍 당시의 미을성 곧 지금의 충주에 속하였던 땅이니 이것이 두번째 증거이다.

임라가야의 가실왕(이뢰왕이라고도함;15세왕)이 우륵을 시켜 가야금을 만들게 한 것은 음악을 통하여 주민 교화와 화합의 장을 마련하기 위함이었고 가야금의 현을 12줄로 하게 한 것은 관할 12개 지역(12개 국가라고도 함)을 융화 통합하기 위한 염원이 담겨 있었던 것이다.

그리고 가야금 곡 12곡을 지어 한지역(국가)에 1곡씩 하사 하기도 하였다.

"삼국사기 신라본기" 진흥왕 15년(AD 554)에 백제가 가랑과 함께 관상성을 공격하였다 라고 기록해 놓았는바 가랑은 임라가야를 가리키는 것이고 관상성은 신라의 고시산(古尸山; 지금의 충북 옥천부근)이니 이때 임라가야가 백제와 연합하여 옥천을 공격한 것은 장차 영동을 지나 추풍령을 넘고 김천 성주를 거쳐 고령의 옛 서울을 찾아 가려고 했던 것인데 그만 이 싸움에서 패하는 바람에 완전 멸망의 길을 걷게 된 것이다. 이것이 세번째 증거이다.

임라가야가 비록 신라에 멸망 당하였으나 강수의 문학과 우륵의 음악(가야금)으로 그 이름을 전하여 여섯 가야국들 중에서 가장 뛰어난 업적을 남긴 나라라 할 수 있다.

그러나 구한말 일제 강점기에 일본이 임라가야의 왕릉들을 도굴하여 그 부장품을 두 트럭이나 반출하여 일본으로 가져 가서 비장하고 내어 놓지 않으니 무엇으로 그 당시의 사실을 증명할 수 있으랴?

이제는 일본이 밀 반출하여 가지고 간 각종 문화재의 반환을 위한 시민 문화 운동을 전국적으로 전개해야 될 것 같은 생각이

들기도 한다.

지금 경남 합천에 있는 해인사가 창건되기 이전에는 그 자리에 가야 산신 정견 모주를 모신 사당이 있었다고 한다.

즉 정견 모주의 사당인 천왕사 자리에 해인사를 창건 했다는 것이다.

그리고 해인사 창건주인 순응과 이정은 대가야 마지막왕의 후손이라고 해인사 창건록에 기록되어 있다.

그리고 정견 모주가 하늘에서 내려 왔다는 상(항)아덤이 경북 성주군 수륜면 백운리에서 가야산 상왕봉 올라가는 정상 부근 길목에 위치하고 있다. 끝

가야산 정상 부근 정견 모주 성지 상아덤 전경

역 대 표

환국 시대 역대

왕 대	재위년	환인 이름	서 력	왕 대	재위년	환인 이름	서 력
1		안 파 견	BC, 7197 (환기원년)	5		석 제 임	
2		혁 서		6		구 을 리	
3		고 시 리		7		지 위 리 (단 인)	BC,3897
4		주 우 양					
					3,301년		

배달국 시대 역대

왕 대	재위년	환웅 이름	서 력	왕 대	재위년	환웅 이름	서 력
1	94	거발환	BC 3,897	10	100	갈고(독로한)	BC3071
2	86	거불리	3804	11	92	거야발	2971
3	99	우야고	3718	12	105	주무신	2879
4	107	모사라	3619	13	67	사와라	2774
5	93	태우의	3512	14	109	자오지(치우)	2707
6	98	다이발	3419	15	89	치액특	2598
7	81	거 련	3321	16	56	축다리	2509
8	73	안부련	3240	17	72	혁다세	2453
9	96	양 운	3167	18	48	거불단(단웅)	2381
					1,565년		BC,2333

고조선(진조선;진한) 시대 역대

왕 대	재위년	단군 이름	서 력	왕 대	재위년	단군 이름	서 력
1	93	왕 검	BC 2333 (단기원년)	25	88	솔 라	BC 1150
2	58	부 루	2240	26	65	추 로	1062
3	45	가 륵	2182	27	26	두 밀	997
4	38	오사구	2137	28	28	해 모	971
5	16	구 을	2099	29	34	마 휴	943
6	36	달 문	2083	30	35	내 휴	909
7	54	한 율	2047	31	25	등 올	874
8	8	우서한	1993	32	30	추 밀	849
9	35	아 술	1985	33	24	감 물	819
10	59	노 을	1950	34	23	오루문	795
11	57	도 해	1891	35	68	사 벌	772
12	52	아 한	1834	36	58	매 륵	704
13	61	흘 달	1782	37	56	마 물	646
14	60	고 불	1721	38	45	다 물	590
15	51	대 음	1661	39	36	두 홀	545
16	58	위 나	1610	40	18	달 음	509
17	68	여 을	1552	41	20	음 차	491
18	49	동 엄	1484	42	10	을우지	471
19	55	구모소	1435	43	36	물 리	461
20	43	고 홀	1380	44	29	구 물	425
21	52	소 태	1337	45	55	여 루	396
22	48	색불루	1285	46	46	보 을	341
23	76	아 홀	1237	47	58	고열가	295 ~238
24	11	연 나	1161				
					2,096년	BC 2333~ BC 238	BC, 238

번조선(번한) 세가 역대

세 대	재위년	왕 명	서 력	세대	재위년	왕 명	서 력
1	83	치두남	BC 2333	39		등 나	BC 1012
2		낭 야	2251	40		해 수	983
3		물 길	2238	41		물 한	962
4		애 친	2187	42		오문루	942
5		도 무		43		누 사	894
6		호 갑	2098	44		이 벌	866
7		오 라	2072	45		아 륵	840
8		이 조	2015	46		마 휴	812
9		거 세	1975	47		다 두	785
10		자오사	1960	48		내 이	752
11		산 신	1946	49		차 음	722
12		계 전	1893	50		불 리	712
13		백 전	1864	51		여 을	676
14		중 전	1826	52		엄 루	647
15		소 전	1770	53		감 위	
16		사 엄	1727	54		술 리	613
17		서 한		55		아 갑	603
18		물 가	1664	56		고 태	588
19		막 진	1600	57		소태이	574
20		진 단	1554	58		마 건	556
21		감 정	1548	59		천 한	545
22		소 밀		60		노 물	535
23		사두막		61		도 을	520
24		갑 비		62		술 휴	505
25		오립루	1441	63		사 량	471
26		서 시		64		지 한	453
27		안 시	1393	65		인 한	438
28		해모라	1352	66		서 울	400
29		소 정	1333	67		가 색	375
30		서우여	1285	68		해 인	341
31		아 락	1224	69		수 한	340
32		솔 귀	1184	70		기 후	323
33		임 나	1137	71		기 욱	315
34		노 단	1105	72		기 석	290
35		마 밀	1092	73		기 윤	251
36		모 불	1074	74		기 비	232
37		을 나	1054	75		기 준	BC 221~194
38		마유휴	1014		2,140	(BC 2,333~BC 194)	BC 194

막조선(말조선;마한) 세가 역대

세 대	재위년	왕 명	서 력	세 대	재위년	왕 명	서 력
1	55	웅백다	BC 2333	19		아라사	BC 1323
2		노덕리	2279	20		여원흥	1285
3		불여래	2229	21		아 실	1232
4		두라문	2180	22		아 도	
5		을불리		23		아화지	1091
6		근우지	2136	24		아사지	1055
7		을우지	2107	25		아리손	934
8		궁 호		26		소 이	
9		막 연		27		사 우	754
10		아 화	1939	28		궁 홀	677
11		사 리	1864	29		동 기	
12		아 리	1806	30		다 도	588
13		갈 지	1716	31		사 라	509
14		을 아	1633	32		가섭라	
15		두막해	1550	33		가 리	427
16		자오수	1483	34		전 내	
17		독 로	1412	35		진을래	
18		아 루	1371	36		맹 남	BC 366 ~194
					2140	Bc 2333~ BC 194	BC 194

북부여 역대

왕 대	재위년	단군 이름	서 력	왕 대	재위년	단군 이름	서 력
1	45	해모수	BC, 239	5	27	고두막	BC 86
2	25	모수리	194	6	2	고무서	59
3	49	고해사	169	7	21	고주몽	57~ 37
4	34	고(해)우루	120				
					203년		BC, 37

인용 및 참고 문헌

순번	도 서 명	저 자	출 판 사 명
1	환단고기	안경전	상생출판사
2	환단고기	임승국	정신세계사
3	조선상고사	신채호	비봉출판사
4	한국상고사	최태영	유풍출판사
5	한국의 역사(전12)	이상옥	하서출판사
6	교양국사	이원순외3인	방송대출판부
7	교양문화사	나종일 외2인	방송대출판부
8	이야기 한국사	교양국사연구회	청아출판사
9	삼국유사	최광식 역	고려대출판원
10	삼국사기(상,하)	이병도 역	을유문화사
11	고조선연구(상,하)	윤내현	만권당
12	삼성기(상,하)	안경전	상생출판사
13	동방의등불 한국	김삼룡	행림출판사
14	개벽실제 상황	안경전	대원출판사
15	사서오경(전12)	안병주,이호형	삼성문화사
16	우주변화의 원리	한동석	대원출판사
17	역의 원리	강진원	정신세계사
18	일본속의 한국문화유산	김달수	대원사
19	가야문화	가야문화연구회	신흥인쇄소
20	성주대관	성주문화원	뿌리문화연구소
21	다 물	김태영	정신세계사
22	대동이	박문기	정신세계사
23	맥 이	박문기	정신세계사
24	천부경과 백두산족문화	정재승	정신세계사
25	소서노	이기담	도서출판 밝은세상
26	잃어버린 왕국	최인호	도서출판 우석
27	국어대사전	이희승	민중서관
28	현대한자옥편	이상사편집부	이상사

한 국
상 고 사 실 체

초판 인쇄 발행일: 2022년 6월 15일

발행인:김 경 자
지은이:천곡(泉谷) 이기우(李基雨)
주　소:대구광역시 달서구 달서대로 41
(유천동 화성파크드림 103동 1502호)
전　화:(053) 581-6098
휴대폰:010-3150-0971
기　획:자석클럽 (053) 653/9493
펴 낸 곳:**도서출판 영남**
등　록:2008년 12월 24일 제 2008-5호
주　소:대구광역시 남구 백의1길 26(대명동)
전　화:(053) 655/7188 팩스:(053) 655/7189
정　가:17,000원
ISBN: 978-89-98863-39-5